yh 2533

Paris
1863

Goethe, Johann Wolfgang von

Faust

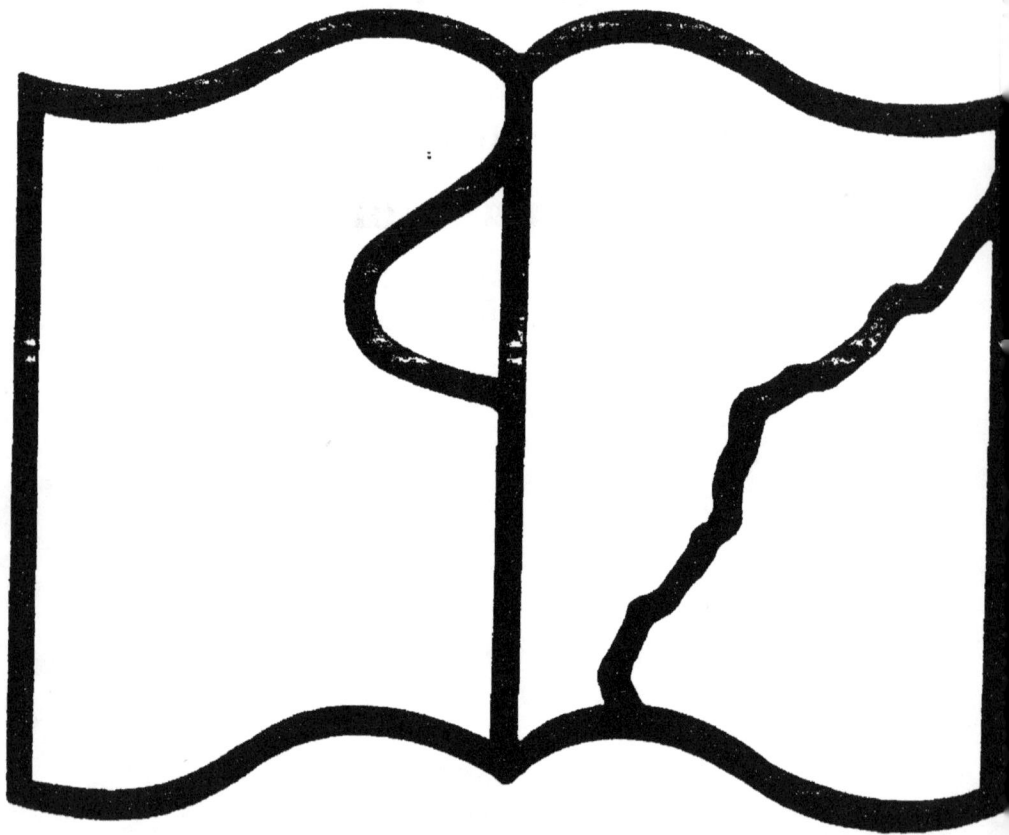

Symbole applicable
pour tout, ou partie
des documents microfilmés

Texte détérioré — reliure défectueuse

NF Z 43-120-11

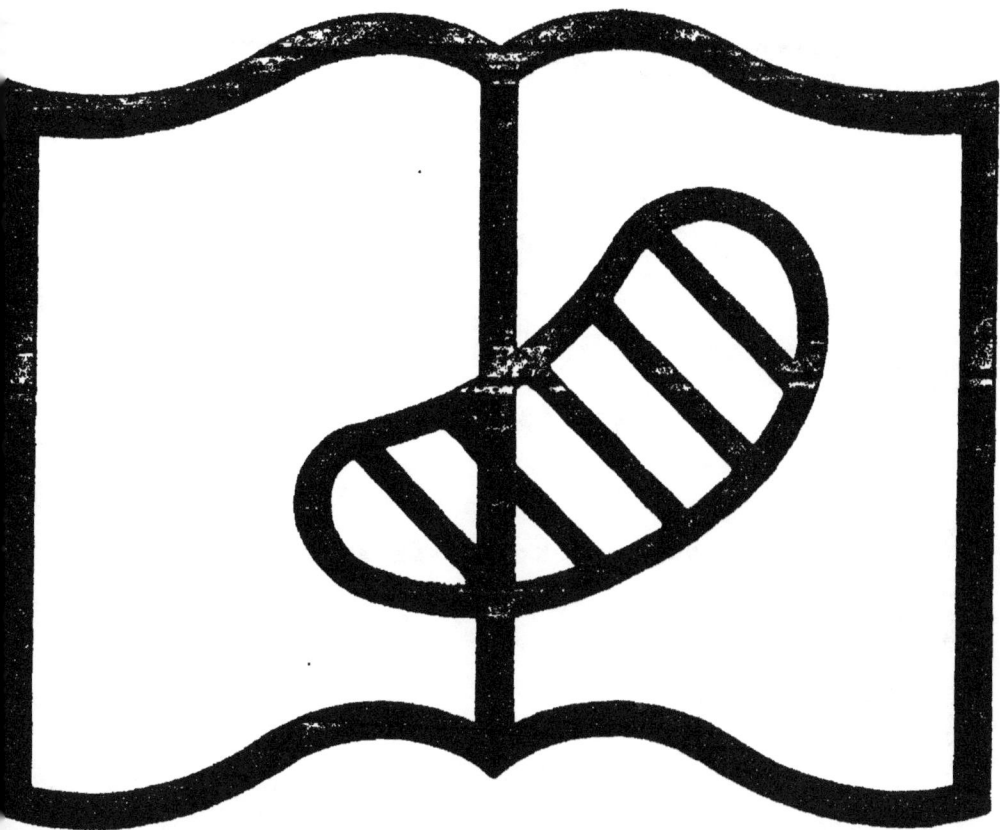

Symbole applicable
pour tout, ou partie
des documents microfilmés

Original illisible

NF Z 43-120-10

FAUST

DE

GOETHE

TRADUCTION NOUVELLE EN VERS

PAR

A. POUPART DE WILDE

PARIS

LIBRAIRIE FRANÇAISE

E. MAILLET, LIBRAIRE-ÉDITEUR

15, RUE TRONCHET, PRÈS LA MADELEINE

1863

FAUST

PARIS. — DE SOYE ET BOUCHET, IMPRIMEURS, 2, PLACE DU PANTHÉON.

FAUST

DE

GOETHE

TRADUCTION NOUVELLE EN VERS

PAR

A. POUPART DE WILDE

PARIS

LIBRAIRIE FRANÇAISE

E. MAILLET, LIBRAIRE-ÉDITEUR

15, RUE TRONCHET, PRÈS LA MADELEINE

1863

AVERTISSEMENT

DU TRADUCTEUR

. . . . —

Il existe, à ma connaissance, trois traductions françaises en prose du drame de FAUST. L'une d'elles, comme les versions de Perrot d'Ablancourt, pourrait être appelée *la Belle infidèle;* une autre est plus fidèle à la lettre; une troisième est plus fidèle à l'esprit. Toutes trois sont infidèles à la forme, puisque le poëme de Goethe est en vers. Il ne tenait qu'à lui de l'écrire en prose, comme Fénelon a fait pour *Télémaque,* comme Châteaubriand et l'Espagnol Montengon ont fait, l'un pour *les Martyrs,* l'autre pour *El Rodrigo.* Il ne l'a pas voulu — il a eu ses raisons — et le traducteur doit les respecter; c'est son devoir.

Une traduction infidèle n'est bonne à rien; c'est

une filouterie ou une moquerie, lorsque ce n'est pas une marque d'impuissance. Une traduction, fidèle seulement à l'esprit, a une valeur incontestable mais insuffisante. Une traduction, fidèle seulement à la lettre, est un dictionnaire commode, toujours ouvert à l'endroit qu'il faut; mais elle n'est que cela. Elle convient à ceux qui étudient une langue, et à ceux qui, la sachant imparfaitement, la savent pourtant assez pour avoir la juste prétention de lire un auteur dans son idiome propre et d'en pénétrer le sens à l'aide de cet utile auxiliaire.

La traduction en vers d'un poëte est la seule qui puisse aspirer à la fidélité sous tous les rapports; mais cette fidélité ne sera jamais complète, attendu qu'aucune langue ne peut se calquer sur une autre. A force de travail et de souplesse on s'en approche plus ou moins, voilà tout. L'esprit, sous ce rapport, a un avantage sur la langue, et peut serrer de plus près un autre esprit dont il s'est inspiré; il peut même l'étreindre, — comme un jeune enfant étreint sa mère dans ses petits bras passionnés, mais débiles et trop courts.

J'ai fait en sorte d'être cet enfant. Suis-je arrivé jusque-là? C'est à la critique à décider.

En rendant le sens, j'ai taché de rendre l'expression et de me conformer à la manière ; si j'ai échoué, c'est sur ces deux derniers écueils. Le style de Goethe est tellement à lui, et d'une possession si assurée, si intime, qu'on peut à peine espérer d'en détacher quelque parcelle au profit de la communauté. Quant à la forme matérielle, extérieure, il m'a semblé qu'on n'était pas excusable d'en choisir une autre que celle de l'auteur, puisqu'on peut la lui emprunter ; car, dès qu'on le peut, on le doit. Goethe se sert très-rarement de vers mélangés, c'est-à-dire de diverses mesures. Il faut donc l'imiter en cela, et d'autant plus qu'on court grand risque de faire *fiasco* en employant cette métrique dont la facilité apparente cache une difficulté énorme qui n'a encore été surmontée que par bien peu de nos meilleurs poètes. La délicatesse d'oreille qu'elle exige est un don tellement rare qu'il sera toujours prudent de n'y point prétendre. Les lecteurs qui la possèdent seront de mon avis.

DÉDICACE

Douces illusions qui charmiez ma jeunesse,
Venez-vous m'apparaître encore à mon déclin?
Pourrai-je vous fixer? dans ma froide vieillesse
Aux riantes erreurs suis-je toujours enclin?
Approchez-vous!.. c'est bien; séduisantes images,
Vous sortez de la brume et percez les nuages.
Ah! mon cœur rajeunit; je sens avec émoi
Votre souffle magique errant autour de moi.

Des beaux jours écoulés vous ramenez l'aurore,
Plus d'une ombre chérie est là devant mes yeux;
L'amour et l'amitié me reviennent encore
Comme un son presque éteint, doux et mélodieux.
Mais le chagrin les suit; derrière lui la plainte,
De la vie en pleurant parcourt le labyrinthe,
Et, dans son désespoir, des heureux et des bons
Que la mort a trompés va répétant les noms.

Elles n'entendent pas, hélas! ces nobles âmes,
La suite de mes chants commencés autrefois;
Amis, vous n'êtes plus! vos accents pleins de flammes
Ne peuvent désormais accompagner ma voix.

1

Pour la foule inconnue ainsi mon chant résonne ;
Je ne saurais priser l'encens qu'elle me donne.
Ceux que mes vers charmaient, s'il en existe encor,
Errent tous aujourd'hui dispersés par le sort.

Un désir amorti dans mon cœur se ranime ;
Je voudrais m'élancer au monde des Esprits ;
Et mon chant qui murmure une harmonie intime
De la harpe éolienne a les sons indécis.
Je frissonne, mes yeux se remplissent de larmes,
Dans mon sein dilaté je ne sens plus d'alarmes ;
Le présent loin de moi fuit dans l'obscurité,
Le passé disparu devient réalité.

PROLOGUE SUR LE THÉATRE

———————

DIRECTEUR, POÈTE DRAMATIQUE, BOUFFON.

LE DIRECTEUR

O vous qui, partageant mes tribulations,
M'avez prêté votre aide en tant d'occasions,
Dites-moi maintenant, avec pleine franchise,
Ce qu'on peut espérer de ma vaste entreprise.
Il faut plaire à la masse, amis : car, voyez-vous,
Elle seule est vivante et nous fait vivre tous.
Les pieux sont enfoncés, la scène est toute prête,
Et chacun aujourd'hui se promet une fête.
Déjà les spectateurs sur les bancs sont assis,
Pour admirer la pièce élevant les sourcils.
J'ai de plaire au public fait une longue étude ;
Et pourtant je n'eus onc pareille inquiétude.
Ils ne sont point blasés sur les chefs-d'œuvre ; mais
Ils ont tant lu, tant lu, — le bon et le mauvais !
Comment ferons-nous donc pour que tout leur paraisse
Nouveau ; pour qu'il leur plaise et qu'il les intéresse ?
Car j'aime à voir la foule à grands flots se ruer,
L'un l'autre se frappant, comme pour se tuer,
Se presser, s'engouffrer par la porte de grâce,
Au prix de mille efforts conquérir une place.
Les bureaux en plein jour déjà sont assiégés ;
Comme, en temps de disette, au seuil des boulangers
On se bat pour un pain, cette immense cohue

Pour avoir un billet se bat et s'évertue.
Mais le poëte est seul, au gré de mon désir,
Sur tant d'esprits divers en état d'accomplir
Un semblable miracle, — et de vous je l'espère.

LE POÈTE

Oh! ne me parle pas de ce monstre vulgaire
Dont l'aspect chasse au loin toute inspiration;
C'est lui qui nous conduit à la perdition,
Et malgré nous toujours nous pousse dans l'abîme.
Non, mène-moi plutôt vers cet endroit sublime
Du ciel, coin retiré que le poëte chérit,
Où l'amitié fidèle avec l'amour fleurit,
Tous deux créant, tous deux — perfection suprême! —
Ensemble exécutant par la main de Dieu même.
Hélas! ce qui, pour lors, de notre âme jaillit,
Ce qu'osent bégayer nos lèvres frémissantes,
Ou bien ou mal venu, disparaît, s'engloutit
Dans les transports fougueux des minutes présentes.
Assez souvent, après des siècles, il revient,
Montrant sa forme entière à la fin admirée.
Ce qui brille n'est pas produit pour la durée:
A la postérité le vrai beau seul parvient.

LE BOUFFON

De la postérité parlera-t-on sans cesse?
Supposez qu'un désir pareil aussi me presse:
D'amuser ce public qui voudrait se charger?
Car il faut qu'il s'amuse, il convient d'y songer;
Et d'un joyeux garçon vous croyez, je suppose,
Que pour lui la présence est toujours quelque chose.
Qui sait communiquer ses pensers dignement
N'a rien à redouter du peuple assurément.
Plus la foule est compacte et plus vive doit être
L'émotion. Courage! et montrez-vous en maître.
Esprit et sentiment, raison et passion
Doivent accompagner l'imagination;
De cet heureux cortège elle marche embellie:
Mais aussi, gardez-vous d'oublier la folie.

LE DIRECTEUR

L'action doit surtout largement se mouvoir:
On vient pour voir; on veut, à toute force, voir.

Plus le riche tissu du drame se complique,
Et plus vous captivez l'assemblée extatique.
Sur la masse on ne peut que par la masse agir.
Chacun cherche, après tout, ce qui peut convenir
A ses goûts, ses besoins. Quand la boutique abonde
En toute chose, on peut contenter tout le monde.
Donnez-vous une pièce, en pièces il la faut
Donner; un tel ragoût plaît, s'il est servi chaud.
D'un tout harmonieux à quoi bon la sagesse?
Le public en morceaux le taille et le dépèce.

LE POÈTE

Vous ne sentez donc pas ce qu'un pareil métier
Offre de répugnant au poëte véritable?
Déjà de ces messieurs le grimoire grossier,
Je ne le vois que trop, vous paraît acceptable.

LE DIRECTEUR

Ce reproche est injuste; en quoi me touche-t-il?
Qui veut bien travailler prend le meilleur outil.
Voyez (c'est du bois mou que vous avez à fendre)
Pour qui vous écrivez, avant de l'entreprendre.
Celui-ci vient, poussé par le désœuvrement;
Celui-là sort de table où copieusement
Il s'est gorgé de mets en vidant les assiettes;
L'autre sort, qui pis est, de lire les gazettes.
Comme à la mascarade ils accourent chez nous:
La curiosité met des ailes à tous.
De leurs plus frais atours les dames embellies
Se donnent en spectacle, au bord des galeries.
Que rêvez-vous là haut sur le sommet sacré?
D'une salle remplie êtes-vous enivré?
Eh! regardez de près ces gens qui vous patronnent:
Les esprits froids, grossiers, hébétés, y foisonnent.
L'un, en sortant d'ici, passe la nuit au jeu;
L'autre va se coucher en quelque mauvais lieu.
Ah! pauvres insensés, vous seriez sans excuses
Si pour de telles fins vous fatiguiez les muses.
Donnez de plus en plus; mettez là votre soin;
Et de manquer le but vous ne risquerez point.
Intriguer les esprits, c'est se montrer habile;
Car de les contenter il est trop difficile. —

Mais qu'est-ce qui vous prend? Est-ce extase ou douleur?

LE POÈTE

Laisse-moi ; va chercher un autre serviteur.
Quoi donc! pour te complaire est-ce que le poëte
Doit de gaîté de cœur renoncer à son droit,
Droit que de la nature en naissant il reçoit?
Faut-il qu'à ton caprice en esclave il se prête?
Et comment parvient-il à remuer le cœur?
Comment des éléments peut-il se rendre maître,
Si ce n'est par l'accord qui remplit tout son être
Et reconstruit en lui le monde extérieur?
Tandis que la nature, en sa tâche éternelle,
Roule indifféremment le fil à son fuseau;
Quand les êtres divers se croisent pêle-mêle,
Qui peut seul débrouiller cet immense écheveau?
Qui peut coordonner par un accord rythmique
Ce ténébreux chaos en un tout harmonique?
Qui sait faire rentrer dans l'ordre général
L'être qui s'en écarte et se dirige au mal?
Qui peut, en soulevant les passions sauvages,
Déchaîner dans les cœurs d'impétueux orages,
Ou d'un doux crépuscule éclairer les esprits
Par l'austère pensée ou la peine assombris?
Sur le sentier que foule une maîtresse aimée,
Qui sème du printemps la parure embaumée?
En couronnes d'honneur, pour les talents divers
Qui tresse du laurier les rameaux toujours verts?
Qui des dieux dans le ciel convoque l'assemblée?
C'est la force de l'homme en nous seuls révélée.

LE BOUFFON

Exercez donc cet art dont vous êtes épris;
Poursuivez vos travaux, poétique nature,
Comme on pousse en amour une folle aventure:
Par hasard on s'approche, on s'enflamme, on est pris;
La félicité croît, et l'on ose entreprendre
Ce que suggère aux sens une passion tendre;
On est ravi, charmé... puis survient le chagrin;
Voilà tout un roman du début à la fin!
Traitez donc ce sujet dans une comédie;
En son cours varié peignez l'humaine vie,

Montrez-la; l'intérêt ne fera pas défaut;
C'est là ce qu'au théâtre avant tout il nous faut.
Car si chacun se mêle aux choses de la terre,
La plupart des mortels ne les connaissent guère.
Mille tableaux divers avec peu de clarté,
Parmi beaucoup d'erreurs un grain de vérité,
C'est ainsi que l'on brasse un excellent breuvage,
Qui rafraîchit le monde et capte son suffrage.
De l'aimable jeunesse alors la belle fleur
Se rassemble attentive autour de votre pièce,
Se presse sur les bancs, applaudit à l'auteur,
Et de son art puissant jouit avec ivresse.
Dans ce chef-d'œuvre alors chaque doux sentiment
Puise un mélancolique et salubre aliment.
C'est ceci, tour à tour, ou cela qu'on remue;
Chacun se reconnaît et se sent l'âme émue.
L'homme fait n'est jamais facile à contenter;
Mais sur l'homme en croissance on peut toujours compter.

LE POÈTE

Eh bien! rends-moi ce temps de ma verte jeunesse
Où je n'étais moi-même un homme qu'en promesse,
Où de mes chants pressés le flot harmonieux
De mon sein jaillissait rapide et copieux,
Où le monde pour moi se voilait d'une nuage,
Où le bourgeon naissant me montrait le feuillage,
Où je cueillais les fleurs dont les riants vallons
Au retour du printemps diapraient leurs gazons.
Quoique bien pauvre alors j'étais dans l'opulence:
J'avais l'illusion, j'aimais la vérité.
Rends-moi, si tu le peux, ce penchant indompté,
Dans la haine la force, en amour la puissance.
Ah! rends-moi le bonheur déchirant et profond;
De la jeunesse enfin rends-moi l'âge fécond!

LE BOUFFON

Mon ami, tu pourrais invoquer la jeunesse,
Si l'ennemi pressait tes flancs dans un combat,
Si quelque jeune fille, agaçante maîtresse,
T'enlaçait tendrement de son bras délicat,
Si tu voyais de loin la couronne olympique,
Se balancer au but où visent tes efforts,

S'il te fallait, après la danse frénétique,
J asser des nuits d'orgie en bachiques transports.
Mais sur le luth connu moduler avec grâce,
Arriver en chantant, par un chemin aisé,
Après d'heureux détours, vers le but proposé,
C'est tout ce qu'on attend que la vieillesse fasse.
L'en estime-t-on moins pour cela ? — Nullement.
Elle ne nous fait point retomber dans l'enfance,
Comme on dit ; quand la vie est à son échéance,
Elle nous trouve encore semblables à l'enfant.

LE DIRECTEUR

Vous perdez votre temps en compliments frivoles.
Qu'on me montre des faits : c'est assez de paroles.
A quoi bon tant parler de disposition ?
Elle ne vient jamais dans l'hésitation.
Vous vous dites poëte ; eh bien ! la poésie
Doit se plier toujours à votre fantaisie.
C'est de fortes liqueurs aujourd'hui qu'il nous faut,
Et nous les attendons ; servez-les au plus tôt.
Ce que l'on ne fait pas aujourd'hui, demain, certe,
On ne le fera point. N'hésitez pas ; alerte !
Qu'aux cheveux fortement la résolution
Saisisse le possible. Or sus, à l'action !
Vous le savez, amis, sur la scène allemande
Chacun fait ce qu'il peut ; la concurrence est grande.
Donc, pour plaire au public redoublez vos efforts ;
Prodiguez en ce jour machines et décors,
Employez la petite et la grande lumière,
Etoiles et soleil. Que la nature entière
Vienne à votre aide : l'eau, le feu, les animaux,
Les rochers escarpés, les forêts, les oiseaux.
Dans cette étroite enceinte où s'enferme la vue,
De la création déployez l'étendue,
Et, d'un essor rapide et pourtant calculé,
Parcourez et l'enfer et le ciel étoilé.

PROLOGUE DANS LE CIEL

LE SEIGNEUR, LES PHALANGES CÉLESTES,
puis MÉPHISTOPHÉLÈS.

(Les trois archanges s'avancent.)

RAPHAEL

Le soleil chante à sa manière
Dans le chœur des sphères; son cours,
En s'accomplissant tous les jours,
Finit par un coup de tonnerre.
A l'ange son regard profond
Donne la force qui l'anime;
Par sa beauté l'œuvre sublime
Comme au premier jour nous confond.

GABRIEL

Rapide, énormément rapide,
La terre brille en tournoyant,
Et le paradis flamboyant
Se change en une nuit livide.
Sur les rocs les flots aheurtés
Brisent leur force et leurs colères;
Dans la ronde immense des sphères
Rochers et flots sont emportés.

MICHEL

La tempête horrible et sauvage
Du rivage à la mer s'entend,
Et, de la mer jusqu'au rivage,
Sa chaîne autour de lui s'étend.

1.

Avant la foudre l'éclair dore
La nuit du terrestre séjour ;
Mais au ciel, Seigneur, on adore
Le cours paisible de ton jour.

LES TROIS ENSEMBLE

Par sa beauté l'œuvre sublime
Comme au premier jour nous confond ;
A l'ange ton regard profond
Donne la force qui l'anime.

MÉPHISTOPHÉLÈS

Puisque tu veux savoir ce que l'on fait chez nous,
Maître, et que tu consens à me voir sans courroux,
Comme autrefois, je viens, à la céleste bande
Me mêlant aujourd'hui, répondre à ta demande.
Pardonne ; je n'ai pas l'usage des grands mots ;
On pourrait me railler. D'ailleurs, auguste sire,
Tu rirais à coup sûr d'entendre mon pathos,
Si tu n'avais perdu l'habitude de rire.
Des mondes, des soleils je ne saurais que dire ;
Pour moi c'est lettre close ; et je vois seulement
Combien l'homme là-bas se donne de tourment.
Le petit dieu terrestre est maintenant encore
Ce que jadis il fut à sa première aurore,
Fort drôle assurément. Il vivrait un peu mieux
S'il n'avait ce reflet de la lueur des cieux
Qu'il appelle raison ; car il ne s'en entête
Que pour se ravaler au-dessous de la bête,
Sauf ton respect, Seigneur, il est fort ressemblant
Aux cigales toujours sautillant et volant,
Et toujours aussitôt retombant sur l'herbette,
Pour y chanter sans fin la même chansonnette.
Encore si dans l'herbe il pouvait demeurer !
Mais dans tous les fumiers son nez va se fourrer.

LE SEIGNEUR

Est-ce tout ? n'as-tu donc rien de plus à me dire ?
Ne m'aborderas-tu jamais que pour médire ?
Et sur terre n'est-il rien de bon, selon toi ?

MÉPHISTOPHÉLÈS

Non, maître ; tout, là-bas, est mauvais, sur ma foi,
Et des pauvres humains si grande est la souffrance

Que de les tourmenter je me fais conscience.

LE SEIGNEUR

Eh bien! connais-tu Faust?

MÉPHISTOPHÉLÈS

Le savant? le docteur?

LE SEIGNEUR

Mon serviteur.

MÉPHISTOPHÉLÈS

Vraiment, il vous sert bien, Seigneur!
Il faut en convenir, étrange est sa manière.
Il ne se nourrit point de terrestre matière,
Il plane dans l'espace et va sans savoir où;
Mais il se doute bien tant soit peu qu'il est fou.
Il veut avoir du ciel les plus belles étoiles,
De la terre il prétend goûter les voluptés;
De près comme de loin, ou couvert ou sans voiles,
Rien ne peut refroidir ses désirs irrités.

LE SEIGNEUR

S'il me sert aujourd'hui quoiqu'aveugle, en délire,
A la clarté bientôt je saurai le conduire.
Lorsque le jardinier voit l'arbuste verdir,
Il devine les fleurs, les fruits qui vont venir.

MÉPHISTOPHÉLÈS

Voulez-vous parier que vous perdrez cette âme
Si vous me la laissez conduire à ma façon?
Accordez-moi, Seigneur, cette permission;
Donnez l'assentiment que de vous je réclame.

LE SEIGNEUR

Conduis-le, tant qu'il vit, comme tu l'entendras.
L'homme, en cherchant son but, peut égarer ses pas.

MÉPHISTOPHÉLÈS

Grand merci, car aux morts je n'eus jamais envie
D'avoir affaire, et d'eux fort peu je me soucie.
J'aime mieux la chair fraîche aux contours arrondis;
Je suis comme le chat à l'égard des souris.

LE SEIGNEUR

Va, je te l'abandonne; agis à ta manière;
Détourne cet esprit de sa source première;
Sur ta pente avec toi, si tu peux le saisir,
Entraîne-le; mais si tu viens à reconnaître

Qu'un homme, resté bon dans le fond de son être,
Du droit chemin perdu se peut ressouvenir,
Sois confus de te voir forcé d'en convenir.

MÉPHISTOPHÉLÈS

Fort bien; je ne crains pas de perdre ma gageure;
J'aurai bientôt raison de lui, je vous le jure.
Mais, si j'atteins le but, accordez, s'il vous plaît,
Seigneur, à ma victoire un triomphe complet:
Je veux faire manger la poussière à cet homme,
Et même avec plaisir il la mangera, comme
Mon aïeul, le serpent au grand renom, jadis
L'a fait, après avoir quitté le paradis.

LE SEIGNEUR

Va donc; pour tes pareils je n'eus jamais de haine.
Le drôle est des Esprits de la négation
Celui qui m'est le moins à charge. L'homme a peine
A demeurer actif sans une impulsion;
Au repos volontiers l'indolent s'abandonne.
Il faut auprès de lui quelqu'un qui l'aiguillonne,
Fût-ce le Diable même; et, pour cela, j'ai soin
Que comme excitateur il le trouve au besoin.
Pour vous, enfants des dieux, que la beauté vivante
Durant l'éternité dans le ciel vous enchante;
Que l'actif devenir, éclosant jour à jour,
Vous enlace à jamais d'une étreinte d'amour,
Et que, dans vos pensers, le vague insaisissable
Prenne, pour se fixer, une forme immuable!

(Les cieux se ferment; les archanges disparaissent.)

MÉPHISTOPHÉLÈS, seul

De ce vieux-là, vraiment, j'aime assez l'entretien,
Et de rompre avec lui je me garderai bien.
Étant si grand seigneur, c'est à lui fort aimable
De causer sans façon parfois avec le Diable.

LA TRAGÉDIE

PREMIÈRE PARTIE

LA NUIT.

(Dans une chambre à voûte élevée, gothique, Faust, inquiet, est
assis devant son pupitre.)

FAUST

J'ai tout étudié, droit et philosophie,
Médecine, — et toi-même, hélas! théologie!
Après tant de sueurs pour devenir savant,
Je me sens éclairé, sage... comme devant!
De maître, de docteur, il est vrai, j'ai le titre,
Et promène à mon gré, du haut de mon pupitre,
Depuis dix ans au moins, en tous lieux, par le nez,
Mes disciples ardents, à me suivre obstinés.
Mais, je vois qu'après tout, il nous est impossible
De rien savoir. O peine incroyable, indicible!
Je suis (c'est évident) plus instruit que ce tas
De docteurs, d'écrivains qui rampent ici-bas:
Je n'ai dans mon esprit ni doute ni scrupule;
L'enfer est à mes yeux un conte ridicule.
Mais aussi, je n'ai plus ni bonheur ni plaisirs,
Rien qui puisse, en un mot, contenter mes désirs.

Je ne crois rien savoir qui soit utile à l'homme,
Qui le rende meilleur ou moins bête de somme.
Aussi je suis sans biens, sans honneurs, sans argent,
Sans domination dans le monde, — indigent !
Un chien ne vivrait pas longtemps de cette vie...
Il faut que je me jette enfin dans la magie.
　　La parole, l'esprit... mystérieux pouvoir !
Par leur double énergie oh ! si je pouvais voir
Les secrets merveilleux qu'il me reste à connaître !
Sans voile à mes regards s'ils venaient à paraître !
Si j'étais affranchi du pénible embarras
De dire avec effort ce que je ne sais pas !
Si je pouvais connaître — ô science sublime ! —
Tout ce que l'Univers cache de plus intime,
Et, sans plus m'attacher à d'inutiles sons,
A des mots sans valeur, voir dans tes flancs féconds,
O Nature ! la force, et la vie, et les germes
Que — trésors inconnus aux mortels — tu renfermes !
　　Lune silencieuse, astre aux pâles lueurs,
Pour la dernière fois daigne sur mes douleurs
Jeter un doux regard. Sans clore ma paupière,
J'ai souvent en ce lieu passé la nuit entière.
C'est alors, astre ami, que ton disque argenté
Sur ces livres poudreux répandait sa clarté.
Puissé-je, à tes rayons, dans les vertes campagnes,
Dans les vallons fleuris, au sommet des montagnes,
Oublier la science et ses mortels ennuis !
Puissé-je, sous tes yeux, dans le calme des nuits,
Baigner mon front brûlant dans ta fraîche rosée,
Et livrer au bonheur mon âme reposée !
　　Mais hélas ! je languis encor dans ce réduit,
Où du ciel flamboyant la lumière ne luit
Qu'à travers ces vitraux colorés, ce volume
Énorme de papiers barbouillés par ma plume,
A travers ces bouquins avec peine amassés
Qui montent au plafond, l'un sur l'autre entassés.
Que vois-je autour de moi ? des instruments, des verres,
Des meubles vermoulus que m'ont légués mes pères,
Des boîtes, des creusets, des alambics... Voilà
Ton monde, malheureux ! C'est un monde, cela !

Et tu peux demander pourquoi l'inquiétude
Envahit ton esprit dans cette solitude,
Pourquoi de la douleur l'aiguillon acéré
Pénètre dans ton sein malade et déchiré!
Tu le demandes... Quand, au lieu de la nature
Où Dieu donne la vie à toute créature,
Tu n'es environné, sous tes obscurs lambris,
Que de noires vapeurs et de tristes débris?
　Eh bien! délivre-toi, lance-toi dans l'espace;
Que rien n'arrête plus ta généreuse audace!
Ce livre à ton essor offre un large chemin;
Nostradamus jadis l'écrivit de sa main:
C'est un guide qui peut aisément te conduire.
Si la nature alors daigne, elle aussi, t'instruire,
Tu sentiras la force en ton âme surgir,
Comme lorsque l'esprit sur l'esprit vient agir.
De ces signes divins la puissance évoquée
Par un aride sens ne peut être expliquée.
Vous qui planez sur moi, vous, si vous m'entendez,
Esprits aériens, répondez, répondez!

　　　　(Il ouvre le livre et aperçoit le signe du macrocosme.)

Quelle extase saisit mon être à cette vue!
Une nouvelle vie, une force imprévue
Circule dans mon sang. Dieu les a-t-il tracés
Ces signes par lesquels mes maux sont effacés;
Signes mystérieux qui remplissent de joie
Mon pauvre cœur naguère à la douleur en proie,
Et qui de la nature, à mes yeux éperdus,
Dévoilent au grand jour les secrètes vertus?
Suis-je moi-même un Dieu?... Tout me devient lucide,
Tout brille sans nuage à mon regard avide.
O Nature sans borne en ta fécondité,
Ta force créatrice égale ta beauté!

　　　　　　　(Il contemple le signe.)

Comme dans l'univers tout s'agite et se mêle!
Comme tout l'un dans l'autre opère! avec quel zèle
Les puissances du ciel, se passant les seaux d'or,
Montent pour redescendre et remonter encor!
Durant l'heureux trajet leurs ailes agitées
Sèment des perles d'eau sur les fleurs humectées,

Tandis qu'en doux concerts des sons harmonieux
Vont des cieux à la terre et de la terre aux cieux.
    Spectacle ravissant!— Mais ce n'est qu'un spectacle...
Il me reste à franchir je ne sais quel obstacle.
Où te saisir, Nature infinie? où trouver
Les sources de la vie où je veux m'abreuver?
Vous dont dépend le ciel aussi bien que la terre,
Vous qui du cœur flétri soulagez la misère...
Toute soif à votre eau vient s'étancher; mais moi,
Je vous implore en vain, plein de trouble et d'effroi.

    (Il tourne le feuillet avec dépit, et aperçoit le signe de l'Esprit de la terre.)

Ah! que différemment cet autre signe opère!
Tu t'approches de moi, noble esprit de la terre;
Déjà, déjà je sens mes forces s'augmenter,
Et comme un vin nouveau tout mon sang fermenter.
Je vais sur l'océan du monde, avec courage,
Diriger mon navire et défier l'orage.
J'entendrais sans pâlir, imperturbablement,
De mon vaisseau brisé le dernier craquement.
    Mais au-dessus de moi des nuages s'entassent,
La lune disparaît, les étoiles s'effacent;
Ma lampe s'obscurcit, pétille... elle s'éteint!
Un frisson me saisit, et l'angoisse m'étreint.
De rayons flamboyants ma tête se couronne;
Je te sens t'agiter dans l'air qui m'environne,
Esprit qu'ont attiré mes évocations.
Dans mon sein déchiré quelles impressions
Pour la première fois pénètrent et me troublent!
Ces transports violents à chaque instant redoublent,
Mon cœur, mon être entier vers toi semblent courir...
Parais, Esprit, parais!... en dussé-je mourir!

    (Il saisit le livre et prononce mystérieusement le signe de l'Esprit. Une flamme rouge tremble; et l'Esprit apparaît dans la flamme.)

                L'ESPRIT

Qui m'appelle?

            FAUST, *détournant la tête*
       Terrible, épouvantable vue!

              L'ESPRIT

Dans la sphère où je vis ta voix est parvenue.

De mon séjour tu m'as évoqué puissamment;
Que me veux-tu?

FAUST

J'éprouve un vif saisissement,
Je tremble... je ne puis supporter ta présence.

L'ESPRIT

Tu viens de m'appeler, et même avec instance;
Tu veux me voir, m'entendre; — et lorsque devant toi
Je parais, tu frémis et tu pâlis d'effroi !
Qu'as-tu fait de ce cœur, de cette âme sublime
Qui dans ton sein fécond créait un monde intime,
Homme au-dessus de l'homme? Et n'es-tu plus jaloux,
O noble ambitieux, de t'égaler à nous ?
Es-tu Faust? Es-tu bien celui qui tout-à-l'heure
Me pressait de venir visiter sa demeure?
Tu trembles, malheureux, tu trembles ! — Jusqu'au fond
De ton être avili mon souffle te confond !
Tu voulais t'élever à la céleste sphère...
Comme un ver maintenant tu rampes sur la terre.

FAUST

Je suis Faust, ton égal; peux-tu le demander?
O vision de feu, dois-je donc te céder ?

L'ESPRIT

Sur les flots bouillonnants des faits et de la vie,
Du sommet de la vague à l'abîme jeté,
Et du gouffre profond au sommet reporté,
Au gré de l'orage en furie
Sans repos je suis ballotté.
Je préside à la mort ainsi qu'à la naissance,
A tout ce qui finit, à tout ce qui commence,
Et mon active main, sur le métier du temps,
De la Divinité tisse les vêtements.

FAUST

Esprit laborieux, qui par ce vaste monde
Poursuis incessamment ta course vagabonde,
Oh! que je te ressemble et me sens près de toi !

L'ESPRIT

Près de quelque autre esprit, inférieur à moi,
Que ta faiblesse peut embrasser, oui, peut-être;
Mais ne te flatte pas de m'égaler, pauvre être ! (Il disparaît.)

FAUST

Pas même ton égal!..moi l'image de Dieu !
Pas même... ô mort ! —

(On frappe.)

Voici mon famulus. — Adieu,
Mon doux rêve ! — Il suffit de ce cagot infime
Pour réduire à néant ma vision sublime !

WAGNER, en robe de chambre et en bonnet de nuit, une lampe
à la main. Faust se détourne avec mauvaise humeur.

Pardonnez si je viens frapper en ce moment
Et si je vous visite inopportunément.
Vous déclamiez tout seul: du théâtre hellénique
Sans doute vous lisez quelque pièce tragique.
Je pourrais profiter dans cet art: on m'a dit,
Monsieur, que de nos jours il est fort en crédit.
On répète souvent qu'au prêtre même, au prêtre
L'habile comédien sert quelquefois de maître.

FAUST

Oui, surtout quand le prêtre est aussi comédien,
Comme dans notre temps cela se voit très-bien.

WAGNER

Ah ! dans un cabinet, solitude profonde,
Quand on est relégué, — quand on ne voit le monde
Que par une lunette et de loin seulement,
A peine aux jours de fête et de repos, — comment
De le persuader à force d'éloquence,
De le conduire, enfin, nourrit-on l'espérance ?

FAUST

Vous n'y parviendrez point, mon cher, assurément,
Si vous ne sentez pas vivement, fortement,
Si l'inspiration, cette brûlante flamme,
Ne jaillit au dehors des profondeurs de l'âme,
Et, par l'émotion, de tous les auditeurs
N'entraîne dans son cours les esprits et les cœurs.
Allez donc concentrer votre vie en vous-même,
Composer un ragoût des restes d'un festin,
Et, soufflant sur un tas de cendres presque éteint,
A grand'peine en tirer un peu de flamme blême!
Des singes, des enfants alors sans contredit
Vous serez admiré, si cela vous suffit;

Mais vous n'agirez point sur les cœurs en ce monde,
Si des sources du cœur ne sort votre faconde.

WAGNER

C'est le débit qui fait les orateurs puissants,
Et je suis encor loin de compte, je le sens.

FAUST

Eh bien ! n'aspirez donc qu'à des succès honnêtes,
Et laissez les grelots sonnants aux folles têtes.
Le bon sens, la raison, sans tant d'art et d'efforts,
Peuvent à tous les yeux se produire au dehors;
Et lorsque vous avez quelque chose d'utile,
De sérieux à dire, un clair et simple style
Suffit; tout ornement viendrait mal à propos.
Pourquoi donc s'épuiser à la chasse des mots?
Oui, vos discours brillants, vos phrases solennelles,
Dont vous parez si bien de pures bagatelles,
Sont comme ce vent froid qui, lorsque vient la nuit,
Sur la feuille séchée en automne bruit.

WAGNER

Ah Dieu ! l'art est si long ! si courte l'existence!
Pour moi, dans mes travaux littéraires, souvent
Je me sens à la tête, au cœur une souffrance.
Que de difficultés à vaincre en poursuivant
Le moyen, s'il en est, de remonter aux sources!
Pour atteindre ce but l'homme a peu de ressources;
Au milieu de la route avant de parvenir,
Un pauvre diable peut, d'ailleurs, fort bien mourir.

FAUST

Un parchemin est-il cette source suprême
Où de l'âme à jamais la soif peut s'étancher?
Non, le soulagement ailleurs doit se chercher;
Il est vain s'il ne sort de notre âme elle-même.

WAGNER

Pardon ! se transporter dans l'esprit du passé,
N'est-ce pas un plaisir? Oh! quelle joie immense
De savoir ce qu'un sage avant nous a pensé,
Et de voir de combien, à force de science,
A force de travail, nous l'avons dépassé !

FAUST

Sans doute, du trajet de la terre aux étoiles! —

Les siècles écoulés sont entourés de voiles;
Ils sont pour nous, ami, le livre aux sept cachets
A notre œil curieux dérobant ses secrets.
Ce que vous appelez l'esprit des temps, en somme,
N'est, au fond, que celui des auteurs; et chaque homme
A le sien où les temps se réfléchissent, mais
Sous leur aspect réel ne se montrent jamais.
Dès le premier coup d'œil on fuit ce tas d'ordures.
C'est comme un vieux tonneau rempli de balayures.
De lambeaux, de haillons dans la fange trempés,
Un taudis encombré de vêtements frippés,
Ou, tout au plus enfin, l'une de ces parades
Où mons Polichinelle au benoît spectateur
De ses moralités débite les tirades.

WAGNER

Mais le monde! l'esprit des hommes et leur cœur!
A les connaître on peut aspirer, mon cher maître.

FAUST

Oui, ce qu'improprement on appelle connaître.
Qui prétendrait nommer l'enfant de son vrai nom?
Le peu d'hommes pourvus de quelque instruction
Qui, malheureusement, n'ont pas eu la prudence
De garder pour eux seuls les fruits de leur science
Et les ont sans réserve au peuple confiés,
Ont été de tout temps brûlés, crucifiés. —
Retirez-vous, ami, car l'heure est avancée;
Laissons pour le moment la thèse commencée.

WAGNER

J'aurais voulu rester encore: il est si doux
De goûter l'entretien d'un homme tel que vous!
Mais c'est Pâques demain; vous permettrez, j'espère,
Une ou deux questions qu'il me reste à vous faire.
Je suis âpre à l'étude et sais déjà beaucoup;
Mais ce n'est pas assez: je voudrais savoir tout.

(Il sort.)

FAUST, seul

Oh! comme à l'espérance une pauvre caboche
Avec ténacité se cramponne et s'accroche!
A des riens ce badaud s'attache: de sa main
Il déchire la terre et fouille dans son sein

Pour chercher des trésors : mais qu'un ver se présente,
Ce fruit de ses labeurs le charme et le contente.
Comment sa maigre voix a-t-elle résonné
Ici même où d'Esprits j'étais environné?
Quelle audace!.. pourtant, vil rebut de la terre,
Mon indignation, cette fois, doit se taire,
Car tu m'as arraché, dans cette occasion,
Au sombre désespoir qui troublait ma raison.
Oh ! l'apparition terrible et gigantesque!
J'étais près d'elle un nain misérable et grotesque.
  Moi, l'image de Dieu, qui déjà croyais voir
La Vérité m'offrir son éclatant miroir,
Qui, séparé de l'homme enfant de la poussière,
Aspirais vers le ciel, éternelle lumière ;
Moi qui m'imaginais être supérieur
Au Chérubin lui-même, et, puissant créateur,
Mêlant ma libre force à l'âme universelle,
M'y confondre, et jouir d'une vie immortelle,
Ai-je bien pu rêver tant d'élévation?
De mon audace, hélas! rude punition !
Un seul mot, de ma gloire et de mon heureux songe
M'a, terrible et cruel, dévoilé le mensonge.
  N'ai-je pas prétendu t'égaler?.. à venir
J'ai bien pu te forcer, mais non te retenir.
Dans cet heureux instant je me sentais moi-même
Si grand et si petit !.. Mais, ô revers suprême!
Tu m'as brutalement tout à coup rejeté
Dans l'indécision, lot de l'humanité.
Qui m'instruira? que dois-je éviter?.. O supplice !
A cette impulsion faut-il que j'obéisse?
Nos actions, non moins que nos douleurs, toujours
De cette triste vie ont enrayé le cours.
  A tout ce que l'esprit conçoit de plus sublime
S'oppose constamment une matière infime.
Atteignons-nous aux biens de notre monde, alors
Tout ce qui vaut mieux qu'eux, mais se trouve en dehors,
Nous le traitons d'erreur et d'absurde chimère ;
Les nobles sentiments qui réchauffaient nos cœurs
Languissent étouffés sous les vaines rumeurs,
Sous les vils intérêts dont s'occupe la terre.

L'imagination d'un vol précipité
S'élève, et tout d'abord vise à l'éternité :
Mais de ce vaste essor bientôt elle se lasse
Et s'enferme, déçue, en un étroit espace.
Dès lors l'inquiétude au fond de notre cœur
Se glisse, elle y produit une sourde douleur,
Se tourmente elle-même, et s'agitant sans cesse,
A la joie elle y fait succéder la tristesse.
C'est un masque nouveau qu'elle prend chaque jour :
Une femme, un enfant, le foyer ou la cour,
Le poison, le poignard. — On se surprend à craindre
Mille maux qui jamais ne sauraient nous atteindre,
A regretter, pleurer ce qu'on n'a point perdu.

Moi ressembler aux Dieux ! non, j'en suis convaincu
Je sens trop vivement ma profonde misère.
Je ressemble à ce ver rampant dans la poussière.
Sous le sol ténébreux vivant, se nourrissant,
Et que d'un pied distrait écrase le passant.

Ah ! n'est-ce pas aussi de la poussière vile
Ce que sur cent rayons je vois ici rangé ;
Tous ces vains oripeaux, tout ce fatras futile
Qui m'enchaîne à ce monde et m'y retient plongé ? —
Un monde vermoulu !... Ce qui me manque encore,
Pourrai-je l'y trouver ? Faut-il que je dévore
Des milliers de bouquins, seulement pour y voir
Que l'homme s'est toujours tourmenté ; pour savoir
Qu'à travers tous les temps on rencontre à grand'peine
Un heureux, çà et là, parmi la race humaine ?
— Et toi, tête de mort, crâne vide, pourquoi,
De ce coin, sembles-tu ricaner devant moi ?
Est-ce pour m'avertir que du temps où la vie
Animait ton cerveau, ton esprit a voulu
Saisir la vérité vaillamment poursuivie,
Et qu'en la poursuivant il s'est aussi perdu ?
Que, dans cette pénible et trompeuse carrière,
On n'atteint que la nuit en cherchant la lumière ?
O vous qu'ici je vois avec tous vos leviers,
Vos cylindres, vos dents, — instruments familiers, —
Vous me narguez vraiment. Je touchais à la porte,
Et de clef pour entrer vous deviez me servir...

Le pêne a résisté, vous n'avez pu l'ouvrir,
Votre panneton cède, et mon espoir avorte:
La nature au grand jour sous des voiles épais
Se cache, se dérobe, et, pleine de mystères,
Elle ne permet pas que des mains téméraires
Aux regards des mortels dévoilent ses secrets.
Tout ce vieil attirail dont je n'ai rien su faire,
S'il reste sous mes yeux, c'est qu'il vient de mon père.
Si je m'étais défait du peu qu'il m'a laissé,
Aujourd'hui de ce peu serais-je embarrassé?
Le bien dont à la mort d'un parent on hérite,
On devrait l'acquérir par son propre mérite.
Ce qui n'est pas utile est un fardeau pesant;
Il nous faut des objets créés pour le présent.

    D'où vient que mon regard s'attache à cette place?
Ce flacon serait-il un aimant pour les yeux?
Une douce lueur jusqu'à mon âme passe
Comme un rayon de lune en un bois ténébreux.
Je te salue, ô fiole! et plein de révérence,
J'honore en toi l'esprit de l'homme et sa science.
Tes sucs doux et puissants qui donnent le sommeil,
Pour causer le trépas ont un pouvoir pareil.
A ton maître aujourd'hui montre-toi favorable;
Je te vois, et je sens la douleur qui m'accable
S'adoucir, s'apaiser; je te prends dans ma main,
Et mon esprit troublé devient calme et serein.
Je vogue en pleine mer sans redouter l'orage:
Un nouveau jour me luit sur un nouveau rivage.

    Un char plane dans l'air, un char de feu; je voi
Ses ailes qui d'en haut se dirigent vers moi.
J'y veux monter, je veux sous la céleste voûte
Dans l'éther lumineux me frayer une route
Vers la sphère où se meut la pure activité ..
Qui? toi, tu jouirais de cette volupté
Faite pour les dieux seuls! toi qui n'étais naguère,
Toi qui n'es à présent qu'un chétif ver de terre!
Oui, tourne seulement le dos aux doux rayons
Du terrestre soleil que de près nous voyons;
Allons! sans hésiter enfonce avec audace
Ces portes que chacun évite, où nul ne passe.

Il est temps de prouver par des actes fameux
Que l'homme en rien ne cède à la grandeur des dieux.
L'imagination est sa propre victime ;
Ah! cessons de trembler au bord de cet abîme,
Affrontons sans pâleur son cratère béant,
Avançons — dussions-nous y trouver le néant!
   Coupe d'un pur cristal, si longtemps oubliée.
Sors de ton vieil étui, sois enfin employée.
Quand tu brillais jadis aux fêtes des aïeux,
Passant de main en main, sur les fronts soucieux
Les rides s'effaçaient; le buveur intrépide
Devait vider d'un trait ton breuvage limpide,
Et célébrer en vers tes riches ornements.
De ma belle jeunesse ô fortunés moments !
Longues nuits de plaisirs, de chants, de douce ivresse!
A mon voisin de table, ô coupe enchanteresse,
Je ne t'offrirai plus; mon esprit exalté
Ne célébrera plus ta forme et ta beauté !
Ta liqueur enivrante est faite par moi-même;
Elle sera pour moi le breuvage suprême,
Une libation pieuse au jour plus beau
Qui bientôt me luira dans un monde nouveau.

(Il porte la coupe à ses lèvres.)

SONS DE CLOCHES ET CHANTS EN CHŒUR

CHŒUR DES ANGES

Christ est ressuscité :
Des mortels que la joie
Aujourd'hui se déploie.
Ils avaient hérité
Au péché ; par sa grâce
Christ à jamais l'efface ;
Christ est ressuscité.

FAUST

Quel murmure de voix dont la douceur me touche,
Quel bourdon solennel arrache de ma bouche
La coupe que je viens d'y porter à l'instant?
O cloche du Munster! votre bruit éclatant
De Pâque annonce-t-il déjà la fête sainte?
Et vous, chœurs, chantez-vous l'hymne consolateur

Qu'exhalèrent jadis, dans la funèbre enceinte,
Dans le sacré tombeau, les anges du Seigneur,
Comme un gage assuré de nouvelle alliance
Entre les fils de l'homme et la Toute-Puissance ?

CHŒUR DE FEMMES

Nos mains l'ont parfumé
D'essences précieuses ;
Fidèles et pieuses,
Nous l'avons inhumé.
Dans la toile avec zèle
Il fut enseveli ;
Mais, ô douleur cruelle !
Le Christ n'est plus ici.

CHŒUR DES ANGES

Christ est ressuscité.
Heureuse l'âme aimante,
Douce, compatissante,
Et toujours patiente
Envers l'iniquité !

FAUST

Chants du ciel descendus, hymnes puissants et doux,
Dans la poussière ici pourquoi me cherchez-vous ?
Pénétrez dans mon cœur à la foi moins rebelle.
J'entends votre message et l'heureuse nouvelle ;
Mais la foi pour y croire est absente de moi.
Le miracle est l'enfant bien-aimé de la foi.
Je n'ose m'élever à la sphère sacrée
Où retentit pour tous l'annonce désirée :
Et pourtant, cette voix qui me berçait enfant
Me rappelle à la vie encore en cet instant.
Autrefois un baiser divin, baiser de flamme,
Au jour saint du repos et du recueillement,
Tombait des cieux sur moi ; d'un doux pressentiment
Les cloches par leurs sons venaient remplir mon âme
La prière échauffait et ravissait mon cœur ;
Une incompréhensible, une sereine ardeur
Me poussait dans les bois, à travers les prairies ;
Mes pleurs brûlants mouillaient les pelouses fleuries,
Et je sentais en moi tout un monde. Ces chants,
Précurseurs annuels des fêtes du printemps,

2

Annonçaient les plaisirs de l'aimable jeunesse,
Et les libres ébats, enfants de l'allégresse.
De l'enfance à mon cœur cet heureux souvenir
Rend les impressions... Je ne veux plus mourir.
Retentis de nouveau, musique solennelle ;
Mes larmes ont coulé ; la terre me rappelle.

CHŒUR DES DISCIPLES

Christ de la tombe sort ;
Quittant sa nuit funeste,
Vers la voûte céleste
Il a pris son essor.
Tandis qu'au sein de l'être
Il plonge glorieux,
Hélas ! le divin maître
Nous laisse dans ces lieux,
Tristes et soucieux
De le voir disparaître.

CHŒUR DES ANGES

Christ est ressuscité
Pour la gloire éternelle :
Allez, troupe fidèle,
Allez de tout côté
Répétant sa parole,
Prêchant la charité
Qui soulage et console.
Enseignez donc à tous,
Aux plus lointaines terres,
Que les hommes sont frères ;
Le maître est avec vous.

DEVANT LA PORTE

PROMENEURS DE TOUTE ESPÈCE SORTANT DE LA VILLE.

QUELQUES OUVRIERS COMPAGNONS

Pourquoi donc prenez-vous ce chemin-là, de grâce ?

D'AUTRES

Mais nous voulons nous rendre à la maison de chasse.

LES PREMIERS
Nous autres, nous allons là-bas vers le moulin.

UN OUVRIER
Dirigez-vous plutôt vers le vivier prochain.

DEUXIÈME OUVRIER
On dit de ce côté la route fort vilaine.

LES DEUX ENSEMBLE
Toi, l'ami, que fais-tu?

TROISIÈME OUVRIER
Je vais où l'on me mène.

QUATRIÈME OUVRIER
Venez donc à Burgdorf, vous vous amuserez;
C'est là, chers compagnons, là que vous trouverez
Les plus jolis minois et la plus forte bière,
Enfin tous les plaisirs.

CINQUIÈME OUVRIER
Oh! oh! plaisant compère!
Les épaules encor te démangent, je crois.
Pour moi, je ne vais point en de pareils endroits;
J'en ai peur.

UNE SERVANTE
De la ville, oui, reprenons la route.

AUTRE SERVANTE
Nous le trouverons là sous ces arbres, sans doute.

PREMIÈRE SERVANTE
Ah! ce serait vraiment un beau plaisir pour moi!
Il viendrait tout d'abord se placer près de toi:
Ensemble vous dansez toujours sur la pelouse;
Que m'en reviendrait-il?

DEUXIÈME SERVANTE
Eh! ne sois point jalouse:
Il ne sera pas seul à coup sûr aujourd'hui;
Le jeune homme frisé doit venir avec lui.

UN ÉCOLIER
Tudieu! comme elles vont, frère, ces deux donzelles!
Il faut les accoster et marcher avec elles.
Une bière bien forte, un tabac bien piquant,
Une fille en gala, c'est mon goût dominant.

UNE JEUNE BOURGEOISE
Voyez donc! n'est-ce pas une étrange manie?

N'est-ce pas une honte à ces jolis garçons?
Ils pourraient fréquenter la bonne compagnie,
Et préfèrent courir après des margotons !

DEUXIÈME ÉCOLIER, au premier

Pas si vite ! En voici deux de fort bonne mine,
Derrière, à quelques pas, dont l'une est ma cousine :
La petite me plait. Elles vont lentement,
Mais elles nous joindront bientôt, certainement.

PREMIER ÉCOLIER

Non, camarade, non, je n'aime pas la gêne ;
Suivons notre gibier, viens, il faut nous presser :
La main qui balayait le mieux dans la semaine,
Le dimanche venu, sait le mieux caresser.

UN BOURGEOIS

Le bourgmestre nouveau, ma foi, ne me plait guère :
Depuis qu'il est en place il devient plus sévère,
Plus roide chaque jour. Pour le bien communal
Il ne fait rien, et tout va de plus en plus mal.
Il faut que d'obéir sans retard on s'empresse,
Et plus qu'auparavant payer, payer sans cesse.

UN MENDIANT, chantant

Belles dames et bons messieurs,
Aux frais habits, au teint prospère,
Daignez sur moi jeter les yeux,
Veuillez soulager ma misère.
Faites l'aumône à ma chanson :
Donner rend l'âme satisfaite.
Ce jour pour tous est jour de fête ;
Qu'il soit pour moi jour de moisson.

DEUXIÈME BOURGEOIS

Je ne sais rien de mieux, les dimanches et fêtes,
Que de s'entretenir de guerre et de conquêtes,
Tandis que tout là-bas, chez les Turcs, loin de nous,
Les peuples à l'envi se prodiguent les coups.
On est à la fenêtre, on boit son petit verre,
On voit les bateaux peints flotter sur la rivière,
Puis on rentre chez soi, le soir, frais et dispos,
En bénissant la paix et son heureux repos.

TROISIÈME BOURGEOIS

Je pense comme vous, mon voisin ; peu m'importe

Qu'ils se fendent la tête avec ou sans raison,
Ou de quelle manière enfin l'on s'y comporte,
Pourvu que rien ne change au train de ma maison.

UNE VIEILLE, *aux jeunes filles bourgeoises*

Quelle mise et quel teint, charmantes demoiselles !
Qui ne serait épris en vous voyant si belles?
Un peu moins de fierté seulement ; écoutez :
Je puis vous procurer ce que vous souhaitez.

PREMIÈRE DEMOISELLE

Viens vite, Agathe, allons! je ne serais pas fière
Qu'on me vit en public avec cette sorcière.
Elle m'a cependant en personne montré
Mon amant à venir, la nuit de Saint-André.

DEUXIÈME DEMOISELLE

J'ai vu le mien aussi, par ses soins, dans la glace,
Et d'autres garnements, tous vêtus en soldats;
Mais j'ai beau regarder autour de cette place,
J'ai beau me retourner, je ne l'aperçois pas.

DES SOLDATS

Tours et forts châteaux
Avec vos créneaux
Et vos meurtrières;
Fillettes altières
Aux malins propos,
Soyez ma conquête !
Je risque ma tête
En ce rude abord ;
Aussi, quelle gloire
Lorsque la victoire
Coûte un tel effort!

Clairons et trompettes,
Non moins qu'au trépas,
Appellent aux têtes
Les joyeux soldats.
Quel bruit ! quel vacarme!
C'est vraiment un charme.
Filles ou châteaux,
Il faut qu'on se rende;
Si la peine est grande,
Les lauriers sont beaux.

I.

FAUST ET WAGNER.

FAUST

De leur prison de glace, aux regards du printemps,
Déjà sont délivrés et ruisseaux et torrents.
Dans les vallons verdit une heureuse espérance ;
L'hiver, dans sa faiblesse et dans son impuissance,
A regagné des monts les sommets hérissés ;
Il lance, mais en vain, quelques regards glacés
Dont le gazon nouveau reçoit encor l'atteinte ;
Le soleil ne veut plus souffrir de blanche teinte.
L'activité renaît, la forme se produit ;
Pour créer la couleur sur toute chose il luit ;
Mais à défaut de fleurs brillant dans la contrée,
Il prend ces habitants, cette foule parée.

Maintenant, tourne-toi, Wagner ; de ces hauts lieux,
Sur la ville, à nos pieds, jette un moment les yeux :
De la porte profonde à la sombre ouverture
Sort un fourmillement tout plein de bigarrure ;
Chacun veut du soleil prendre possession.
Ils fêtent du Seigneur la résurrection ;
Car ils sont aujourd'hui ressuscités eux-même.
Quittant leurs froids logis où n'entre qu'un jour blême,
Les ennuis du trafic, les labeurs du métier,
Les sales carrefours où croupit le bourbier,
Et l'église où dans l'ombre éclate la prière,
Vois-les à flots pressés courir vers la lumière !
Vois cette multitude à travers champs et prés
Se répandre, former des groupes séparés !
Que de légers esquifs, que de barques joyeuses
Sillonnent en tout sens les ondes écumeuses !...
Et ce dernier canot qui vient de s'encombrer
D'une telle façon qu'il est prêt à sombrer !
Les plus lointains sentiers de promeneurs fourmillent,
Sur les monts, des habits les mille couleurs brillent.
Du village on entend le tumulte et les cris :
Ah ! c'est là que le peuple a son vrai paradis.
Grands et petits, tous font même gaîté paraître.
Ici je me sens homme, et, de plus, j'ose l'être.

WAGNER

Certes, se promener avec vous, cher docteur,
Est un grand avantage aussi bien qu'un honneur ;
Mais je n'irais pas seul dans cette multitude,
Car je hais tout contact grossier, rustique et rude.
Ces violons, ces cris, ces quilles, tous leurs jeux
Enfin, ne sont pour moi que des bruits odieux ;
A l'infernal esprit on les dirait en proie.
Ils appellent cela des chants et de la joie !

PAYSANS SOUS LES TILLEULS

DANSES ET CHANTS

Le berger, quittant son troupeau,
Pour la danse a fait sa toilette ;
Fleurs et rubans à son chapeau,
A se divertir il s'apprête.
Sous le grand tilleul déjà tous
Se trémoussaient comme des fous.
    Tra la la la
    Landerira ;
  Ainsi va la musette.

Dans la ronde il entre pimpant ;
Mais le gars, par étourderie,
De son coude heurte en passant
Une fille leste et jolie.
Elle se retourne aussitôt
Et lui dit : Vous êtes un sot :
    Tra la la la,
    Landerira,
  Cela sent l'écurie.

C'étaient des cris, c'étaient des bonds,
Un tourbillon, une tempête ;
Le vent soulevait les jupons,
On tournait à perdre la tête.
Danseurs, danseuses hâletants,
Se pressaient les bras et les flancs.
    Tra la la la,
    Landerira,
  Oh ! la joyeuse fête !

— Je ne crois point vos beaux discours :
Non, je ne suis pas de ces folles
Que les galants trompent toujours
Par de séduisantes paroles. —
Elle dit ; mais lui, dans un coin,
En la flattant l'entraine au loin,
    Tra la la la,
    Landerira
    Sous l'ombrage des saules.

UN VIEUX PAYSAN

Ah! monsieur le docteur, c'est bien aimable à vous
De venir vous mêler à des gens comme nous,
Vous si savant ! — Prenez la cruche la plus belle
Que nous venons d'emplir d'une boisson nouvelle ;
Je vous l'offre, et, de cœur, je forme le souhait
Qu'en vous rafraichissant elle ait encor l'effet
D'ajouter à vos jours, de prolonger leur terme
D'un nombre égal au moins aux gouttes qu'elle enferme.

FAUST

J'accepte avec plaisir ces rafraichissements.
Recevez mon salut et mes remerciments.

            (Le peuple l'entoure en cercle.)

LE VIEUX PAYSAN

C'est vraiment fort bien fait à vous de reparaitre
Dans un jour de gaité, dans un temps de bien-être.
En de tristes moments, docteur, souventes fois,
Vous avez visité nos maisons autrefois.
Plusieurs, ici présents, durent à votre père
Leur retour à la vie et leur santé prospère,
Quand, par ses soins zélés, de cette région
Il a chassé la fièvre et la contagion.
Vous-même, encor bien jeune, on vous voyait sans crainte,
Chaque jour, visiter les malades alors.
Hélas! au cimetière on portait bien des morts !
Pourtant, vous n'avez eu du mal aucune atteinte.
Que d'épreuves pour vous, et quel rude labeur !
Mais le Sauveur d'en haut gardait notre sauveur.

TOUS

A la santé de l'homme honneur de notre ville !
Et qu'il soit aux souffrants longtemps encore utile !

FAUST

Prosternez-vous aux pieds de ce Dieu qui toujours
Enseigne à secourir et donne le secours.

(Il s'éloigne avec Wagner.)

WAGNER

Quelle sensation pour ton cœur ce doit être
De te voir honoré de la sorte, ô mon maître !
Heureux de ses talents qui retire un tel prix !
Le père te contemple et te montre à son fils ;
On court, on interroge, on s'informe, on s'empresse ;
La musique se tait, la danse à l'instant cesse ;
Passes-tu, l'on se range en ligne, les chapeaux,
Volent en l'air, suivis de cris et de bravos,
Et les genoux, pliés partout sur ton passage,
Comme au Saint-Sacrement semblent te rendre hommage.

FAUST

Jusques à cette pierre encore quelques pas ;
Nous nous reposerons un peu loin du fracas.
Je m'y suis bien souvent, pensif et solitaire,
Assis, exténué de jeûne et de prière ;
La méditation m'absorbait toute en soi.
Riche alors d'espérance, et ferme dans ma foi,
Je croyais obtenir du Souverain céleste,
A force de sanglots, la fin de cette peste.
Maintenant le suffrage et l'acclamation
De ce peuple me semble une dérision.
Oh ! si tu pouvais lire en mon cœur, ces louanges,
A tes yeux comme aux miens, paraîtraient bien étranges.
Mon père était un homme honnête et fort obscur,
Cherchant de la nature à sonder les mystères
Il avait sa manie à lui ; mais, à coup sûr,
Etait de bonne foi, quoique plein de chimères.
Il s'enfermait souvent d'adeptes entouré,
Dans son laboratoire, et là, claquemuré,
Avec mainte recette et de mille manières,
Par la transfusion combinait les contraires :
C'était un *lion rouge*, un fier prétendant, mis
Par lui dans un bain tiède, et joint avec un *lis* ;
Puis après les avoir tous les deux à la flamme
La plus vive exposés quelque temps, d'un creuset

Dans l'autre le bonhomme enfin les transvasait.
Apparaissait alors la *jeune reine*, dame
Aux brillantes couleurs, dans le verre; c'était
Tout l'art du médecin; le patient mourait;
Mais de la guérison l'on ne s'informait guères.
Ainsi nos potions et nos électuaires,
Mélanges infernaux, détestables poisons,
Dans ces champs fortunés, dans ces riants vallons,
Dans la ville, en tout lieu, plus cruels que la peste,
Promenaient au hasard leur ravage funeste.
Moi-même j'ai causé bien des morts, et je vis,
Pour entendre louer les meurtriers hardis.

WAGNER

Pourquoi vous tourmenter de la sorte? Un brave homme,
S'il exerce son art et sa science comme
Ils lui furent transmis, bien scrupuleusement,
N'a-t-il pas accompli sa tâche exactement?
Tu te plairas, jeune homme, aux leçons de ton père,
A ses enseignements, si ton cœur le vénère;
Homme, à l'art si tu fais prendre un nouvel essor,
Ton fils peut à son tour l'élever plus encor.

FAUST

Trop heureux, de l'erreur sur cette mer immense,
Qui peut de surnager conserver l'espérance!
Ce qu'on ignore, c'est ce dont on a besoin:
L'emploi de ce qu'on sait on ne le trouve point. —
Mais ne permettons pas que de tristes pensées
Troublent, en ce beau jour, nos âmes oppressées.
Sous le feuillage vert de ces grands arbres, vois
Le soleil déclinant dorer ces humbles toits!
Il nous quitte et pour nous sa carrière est finie;
Mais en d'autres climats il va porter la vie.
Oh! que ne suis-je ailé pour m'élancer vers lui,
Pour suivre sa clarté, clarté qui toujours luit!
Je verrais dans un jour doux et crépusculaire
La terre sous mes pieds, tout un monde qui dort,
Le vallon qui brunit, le sommet qui s'éclaire,
Et le ruisseau d'argent courant au fleuve d'or.
La montagne sauvage avec ses noirs abîmes
Ne s'opposerait plus à mon essor divin.

A mes yeux étonnés déjà les mers sublimes
Découvrent de leurs eaux les profondeurs sans fin
Le Dieu semble pourtant s'éclipser, disparaître !
Mais un nouveau désir s'allume dans mon sein.
O lumière éternelle !... Oui, je veux m'en repaître !
Devant moi c'est le jour : derrière, c'est la nuit ;
Le ciel resplendissant au-dessus de ma tête,
Les vagues sous mes pieds hurlant dans la tempête...
Beau songe en vérité, beau songe ! mais il fuit.
Ah ! si comme l'esprit le corps avait des ailes !..
Car, qui ne sent en soi des ardeurs naturelles,
Des sentiments profonds, quand, dans l'azur des cieux,
L'alouette répand son chant mélodieux ?
Quand au-dessus des pics, les ailes étendues,
Plane l'aigle superbe et royal ? Quand les grues,
De leurs noirs bataillons obscurcissant les airs,
Regagnent leur patrie, en franchissant les mers ?

WAGNER

Moi-même aussi, parfois, j'ai quelques fantaisies ;
Mais la vôtre jamais n'a troublé mon cerveau.
On est bientôt lassé des forêts, des prairies ;
Je ne puis envier ses ailes à l'oiseau.
Ah ! quel autre plaisir d'aller, de livre en livre,
Feuilletant et lisant ! qu'avec charme on s'y livre !
Les longues nuits d'hiver sont bien courtes alors ;
Une douce chaleur nous réchauffe le corps.
Mais qu'un vieux parchemin devant vous se déploie...
Oh ! c'est le bonheur même ; on s'y plonge, on s'y noie !

FAUST

Tu n'as qu'un seul élan, qu'un unique désir ;
Pour l'autre, ah ! puisses-tu ne jamais le sentir !
Deux âmes sont en moi, dont l'action m'oppresse ;
Chacune à s'éloigner de l'autre tend sans cesse.
L'une, par le moyen des organes du corps,
Se cramponne avec force au monde, à la matière ;
L'autre, fuyant la nuit, secouant la poussière,
Pour s'élever aux cieux fait de constants efforts.
Oh ! s'il est des Esprits, dans l'air, entre la terre
Et le ciel, des Esprits glorieux et puissants,
Qu'ils descendent à moi de leurs trônes brillants,

Et m'emportent bien loin, au gré de mon envie,
Dans le cours varié d'une nouvelle vie!
Si j'avais un manteau magique autour de moi,
Qui pût me transporter aux lointaines contrées,
Je le priserais plus que cent robes dorées,
Et n'en changerais pas pour un manteau de roi.

WAGNER

Garde-toi d'invoquer ces légions connues
Des Esprits qui de l'air habitent les vapeurs,
Et dressent aux mortels mille piéges trompeurs.
Ceux du Nord contre nous arment leurs dents aiguës,
Leur langue à triple dard; ceux venus du Levant
Atteignent nos poumons d'un souffle desséchant.
Quand du fond des déserts le Midi les envoie,
Ils amassent un feu qui sur nos fronts flamboie;
Et l'Ouest nous en dépêche un essaim qui d'abord
Dissipe la langueur, rend aux nerfs leur ressort,
Mais qui bientôt, fondant les vapeurs épaissies,
De torrents destructeurs inonde les prairies.
Ils prêtent volontiers l'oreille à notre appel,
Car ils aiment à nuire; et même ils obéissent
Très-volontiers aussi pour tromper; ils trahissent,
En servant ses désirs, un malheureux mortel.
Ils se disent du ciel envoyés sur la terre;
Leur voix est angélique... hélas! et mensongère.
Mais rentrons: le brouillard humecte le gazon,
L'air fraîchit, et déjà s'obscurcit l'horizon.
Chez soi qui n'aime point à passer la soirée?
Car c'est le soir surtout que le logis agrée. —
Tu t'arrêtes! pourquoi cet air d'étonnement?
Quel objet a frappé ta vue en ce moment?

FAUST

Vois-tu pas ce chien noir, parmi les blés, dans l'ombre,
Qui va, tourne, revient, fait des circuits sans nombre?

WAGNER

Oui, je le vois déjà depuis longtemps; mais rien,
Rien de particulier ne signale ce chien.

FAUST

Fais bien attention: que crois-tu qu'il puisse être?

WAGNER

Mais un barbet cherchant la trace de son maître
A sa façon à lui.

FAUST

Ne remarques-tu pas
Comme, entre nous et lui resserrant l'intervalle,
Toujours de plus en plus il s'approche en spirale?
Vois la trace de feu qu'il laisse sur ses pas!

WAGNER

Je ne vois qu'un barbet noir, et pas autre chose.
Un éblouissement est peut-être la cause
D'une erreur de vos yeux.

FAUST

Je crois le voir placer
A nos pieds un filet pour les embarrasser.

WAGNER

Il a l'air tout craintif, pensant trouver son maître,
De voir au lieu de lui deux inconnus paraître.

FAUST

Le cercle se resserre, il est tout proche.

WAGNER

Eh bien!
Tu le vois, ce n'est pas un spectre, mais un chien;
Il n'ose t'aborder dans son incertitude,
Et couché sur le ventre avec inquiétude,
Il agite sa queue, il murmure tout bas;
Toutes choses que fait un chien en pareil cas.

FAUST

Viens avec nous, caniche.

WAGNER

Oh! la drôle de bête!
Cesses-tu de marcher, aussitôt il s'arrête.
Si tu perds quelque chose, il la retrouvera;
Si ta canne à l'eau tombe, il la rapportera;
Tu l'appelles, soudain il accourt avec joie.

FAUST

Tu dis vrai; d'un esprit il n'est rien que l'on voie
En lui; mais tout provient de l'éducation.

WAGNER

Un chien bien élevé mérite affection,

3

Même celle du sage ; il doit avoir la tienne.
Et je ne doute pas qu'aisément il l'obtienne ;
M'est avis qu'il saura se la concilier.
C'est des étudiants le meilleur écolier.

(Ils passent la porte de la ville.)

CABINET D'ÉTUDE

FAUST (entrant avec le barbet)

J'ai quitté la campagne et les vertes prairies
Dans la profonde nuit bientôt ensevelies.
Je sens se réveiller ma meilleure âme en moi,
Et dans mon cœur troublé pénètre un saint effroi.

Toute sensation malsaine,
Toute orageuse activité
S'endort ; pour la divinité
D'amour ardent mon âme est pleine,
Et s'émeut pour la race humaine
De tendresse et de charité.

Barbet, reste en repos au seuil de cette porte.
Qui t'attire ? pourquoi flaires-tu de la sorte ?
Là, derrière le poêle, où je vais me fâcher ;
Sur mon meilleur coussin je te ferai coucher.
Par tes bonds et tes tours là-bas sur la montagne
Tu nous a divertis ; mais à cette heure gagne,
A force de réserve et de tranquillité,
Des droits plus sérieux à l'hospitalité.

Ah ! dans notre étroite cellule
Quand de nouveau la lampe luit,
En notre sein la flamme brûle,
Au cœur la clarté s'introduit ;
La raison reprend la parole,
L'espérance qui nous console
A nos yeux charmés refleurit,
Et dans les sources de la vie
L'esprit, au gré de son envie,
Se replonge et se rafraîchit.

Ne grogne pas ainsi, barbet ; tes grognements
Ne peuvent s'accorder avec les doux accents,
Les sons délicieux qui remplissent mon âme.
Quand le beau s'offre à lui, souvent l'homme le blâme,
Le repousse, murmure ; il méconnait son bien.
En cela doit-il être imité par le chien ?
Hélas ! hélas ! malgré ma volonté sincère,
Nulle chose ici-bas ne peut me satisfaire.
Ah ! le torrent doit-il sitôt se dessécher,
Et nous laisser la soif sans pouvoir l'étancher ?
Que de fois j'en ai fait la triste expérience !
Cette privation toutefois se compense,
Et doit heureusement bientôt se terminer.
L'esprit veut au dessus de la terre planer ;
Il aspire ardemment aux choses révélées
Par qui les vérités se trouvent dévoilées.
Elles ne sauraient l'être ailleurs plus dignement
Que dans les saints versets du Nouveau-Testament.
Ouvrons le texte ; avec un sentiment sincère
Tâchons de le traduire en ma langue si chère.

                (Il ouvre un volume et se prépare.)

Voyons ; il est écrit : « Dès le commencement
« Était le Verbe. » Ici j'hésite et je m'arrête.
Qui va dans ce travail me guider plus avant ?
C'est trop priser ce mot de *Verbe* assurément,
Et d'une autre manière il faut qu'il s'interprète,
Si l'esprit vient sur moi luire. « Au commencement
« Était la volonté. » Ce mot de quelque brume
S'enveloppe ; tâchons de retenir ma plume,
Enchaînons un moment son vol précipité ;
Réfléchissons encore. Est-ce la volonté,
Est-ce bien elle qui, prévoyante et féconde,
Crée, ordonne, régit et conserve le monde ?
Le mot *force* rend mieux l'obscure expression.
Donc : « Au commencement était la Force » — Non !
Quelque chose me dit que je n'ai pas encore
Rencontré le vrai sens. Faut-il que je l'ignore ?..
L'esprit m'éclaire enfin d'un lumineux rayon !
Je rature la *Force*, et j'écris *l'Action*.

   Eh ! barbet, si tu veux qu'avec toi je partage

Ma chambre, cesse enfin ces cris et ce tapage.
Je ne saurais souffrir un hôte si bruyant;
Il faut qu'un de nous deux vide l'appartement.
  Bien à regret si je viole
  Les droits de l'hospitalité.
  C'est toi qui m'y force, mon drôle;
  Va, cours les champs en liberté.
Mais que vois-je? cela n'est pas dans la nature:
Comme ce barbet s'enfle et grandit à mes yeux!
  Son corps devient prodigieux;
Il n'offre plus d'un chien la forme et la figure.
Quel spectre, quel fantôme ai-je introduit chez moi?
C'est un hippopotame à la gueule terrible;
Autour de lui ses yeux ardents jettent l'effroi.
Va! je serai ton maître, ô créature horrible!
  Contre l'enfer et contre toi
La clef de Salomon est une arme infaillible.

  ESPRITS (dans le couloir)
  Là dedans un de nous est pris;
  Restez dehors, restez, Esprits.
   Accident déplorable!
   Comme au piége un renard,
   Dans l'affreux traquenard
   Se lamente un vieux diable.
   Prenons bien garde à nous;
   Volez, agitez-vous;
   Délivrons notre frère!
   Qu'il sorte de prison,
   Car il fut toujours prompt,
   Amis, à nous complaire.

   FAUST
D'abord, pour attaquer le monstre, j'emploirai
La conjuration des quatre. — et je verrai.

   La salamandre doit briller.
   L'Ondine se recoquiller,
    Le sylphe, léger être,
    A l'instant disparaître,
    Le gnôme travailler.

  Qui n'aurait appris à connaître
  La vertu de chaque élément.

Ne pourrait pas, assurément,
Des Esprits se rendre le maître.

Salamandre, au feu
Disparais bien vite ;
Ondine, en flot bleu
Coule tout de suite ;
Toi, sylphe léger,
Brille en météore ;
Viens, Incube, encore,
Viens la marche clore,
Et me protéger !

Pas un des quatre ne se trouve,
A coup sûr, dans cet animal,
Et je ne lui fais aucun mal :
Son immobilité le prouve.
Il grince des dents contre moi,
Et comme un bloc il reste coi.

Puisqu'il en est ainsi, je vais te faire entendre
Ce qui doit, à la fin, te forcer à te rendre.

Sors-tu de l'enfer, compagnon ?
Alors, regarde bien ce signe ;
Devant lui de tout noir démon
Fléchit la puissance maligne.

Son corps s'enfle, son poil se hérisse à mes yeux.

Etre maudit, abominable,
Peux-tu lire l'inexprimable,
L'incréé qu'on adore aux cieux,
Celui dont un crime exécrable
A percé les flancs douloureux ?

Ainsi qu'un éléphant énorme,
Derrière le poêle il grossit ;
Déjà de sa masse difforme
La place entière se remplit ;
En vapeur il va se dissoudre...
Au plafond ne va pas toucher ;
A mes pieds il faut te résoudre
A venir ici te coucher.
Tu vois si ma menace est vaine :
Le feu sacré peut te roussir.
Si tu tardes à m'obéir,
La clarté triple et souveraine
Saura te contraindre à fléchir.

MÉPHISTOPHÉLÈS (Pendant que le nuage tombe, il sort de
derrière le poêle, et s'avance en habit d'étudiant voyageur.)

D'où vient ce bruit? S'il est quelque chose où l'on puisse
Etre utile à monsieur, je suis à son service.

FAUST

Un étudiant! quoi! c'est là ce que cachait
A mes yeux attentifs ce singulier barbet!
Le cas est fort plaisant.

MÉPHISTOPHÉLÈS

Docteur, je vous salue;
Vous m'avez rudement fait suer, et je sue
Encor.

FAUST

Quel est ton nom?

MÉPHISTOPHÉLÈS

La question vraiment
Paraît de votre part bien petite. Comment!
Un homme comme vous! un homme qui méprise
Si souverainement les mots, et qui ne vise
Qu'à contempler le fond des êtres! abhorrant,
Repoussant loin de lui ce qui n'est qu'apparent!

FAUST

Mais chez vous par les noms on peut deviner l'être;
Et c'est ce que l'on fait très-clairement connaître
Alors que toute voix vous appelle menteurs,
Corrupteurs, ennemis de Dieu, blasphémateurs. —
Enfin, qui donc es-tu?

MÉPHISTOPHÉLÈS

Je suis une partie
De cette force occulte en tous lieux répartie
Qui veut toujours le mal et toujours fait le bien.

FAUST

Ta phrase est une énigme et je n'y comprends rien.
Tâche de t'expliquer nettement; recommence.

MÉPHISTOPHÉLÈS

Je suis l'Esprit qui nie; et c'est avec raison,
Car dans cet univers on ne voit rien de bon.
Partant, il vaudrait mieux qu'il perdît l'existence,
Ou mieux encor, qu'il n'eût point reçu la naissance.
Tout ce que vous nommez anéantissement,

Péché, mal en un mot, voilà mon élément.

FAUST

Tu te nommes partie, et pourtant à ma vue
Te voilà tout entier.

MÉPHISTOPHÉLÈS

C'est la vérité nue
Que je dis. S'il prétend, ce petit monde fou,
L'homme, se regarder lui-même comme un tout,
Moi je suis une part de cette autre partie
Qui fut tout autrefois, dans le commencement,
Quand de l'obscurité la lumière est sortie,
L'orgueilleuse lumière, elle qui, maintenant,
A sa mère dispute et son rang et l'espace.
Mais en vain! car des corps rampant à la surface,
Elle en sort, elle y tient, elle les embellit,
Et dans sa marche un corps pour l'arrêter suffit.
Mais elle n'en a plus pour bien longtemps, j'espère,
Et va s'anéantir ainsi que la matière.

FAUST

Ah! ah! je vois quel est ton emploi, ton travail:
La masse t'échappant, tu t'en prends au détail.

MÉPHISTOPHÉLÈS

Malgré tous mes efforts et malgré mon courage,
Franchement, je n'ai pas encor fait grand ouvrage.
Ce qui s'oppose au rien — le quelque chose — enfin
Ce monde fruste et lourd, il n'est que trop certain,
Je n'ai pu l'entamer. Tempêtes, incendies,
Secousses, ouragans... Impuissantes furies!
Et la terre et la mer, après tout ce fracas,
Rentrent dans le repos; et je ne trouve pas
Qu'on puisse rien gagner, rien, sur cette semence
Principe de la vie et de l'humaine engeance.
Combien j'en ai déjà plongé dans le tombeau!
Mais quoi! toujours circule un sang frais et nouveau.
C'est à devenir fou. De l'eau, de l'air immense,
Non moins que de la terre, à toute heure il s'élance
Des germes dans l'humide et le sec et le froid.
Si ce n'était le feu, je n'aurais rien pour moi.

FAUST

Ainsi, ta froide main de diable, avec malice,

Mais sans succès, s'oppose à la main créatrice.
Fais autre chose, ô fils bizarre du chaos!

MÉPHISTOPHÉLÈS

Nous pourrons revenir plus tard sur ce propos.
Permets-tu maintenant que je sorte, mon maître?

FAUST

A ton aise. Je viens d'apprendre à te connaître;
Tu peux, quand tu voudras, me revoir à loisir.
Pour entrer n'as-tu pas la porte et la fenêtre,
Même la cheminée? — Ainsi, tu peux choisir.

MÉPHISTOPHÉLÈS

L'avouerai-je? à ton seuil un obstacle m'arrête:
Ce pied....

FAUST

Le pentagramme? ah! cela t'inquiète!
Comment, pour te chasser puisque cela suffit,
As-tu, fils de l'enfer, pénétré jusqu'ici?
Un Esprit tel que toi s'abuser de la sorte!

MÉPHISTOPHÉLÈS

Le signe est mal posé, vois: l'angle vers la porte
Est ouvert quelque peu.

FAUST

Le cas est singulier!
Ainsi donc, le hasard te fait mon prisonnier?

MÉPHISTOPHÉLÈS

Le barbet n'avait pas l'attention présente
En entrant; maintenant la chose est différente.
Et le diable ne peut sortir de la maison.

FAUST

Eh! que ne passes-tu, mon cher, par la fenêtre?

MÉPHISTOPHÉLÈS

Pour sortir, la loi veut que tout spectre ou démon
Reprenne le chemin par lequel il pénètre.
Le premier acte est libre, et non pas le second.

FAUST

L'enfer a donc aussi des lois? Si l'on contracte
Avec vous, messeigneurs, vous observez le pacte?
On peut compter sur vous?

MÉPHISTOPHÉLÈS

Tu le peux sûrement.

Ce que l'enfer promet, il le tient strictement
Et sans se réserver la plus mince parcelle ;
A ses engagements il fut toujours fidèle.
Mais la chose n'est pas si simple que tu crois ;
Nous en reparlerons à la prochaine fois.
Pour le moment, du moins, contente mon envie,
Et laisse-moi partir sans délai, je te prie.

FAUST

Te voilà bien pressé ! reste encore un instant :
J'ai le plus grand désir que la bonne aventure
Me soit dite par toi.

MÉPHISTOPHÉLÈS

Lâche-moi, cependant,
Lâche-moi, je t'en prie encore, et je te jure
Que je viendrai sous peu te revoir ; tu pourras
Me demander alors tout ce que tu voudras.

FAUST

Je n'ai pas employé le moindre stratagème ;
Dans le piège tombé, ne t'en prends qu'à toi-même.
Quand vous tenez le diable, il le faut bien tenir ;
Il vous échapperait, pour sûr, à l'avenir.

MÉPHISTOPHÉLÈS

Eh bien, je suis tout prêt, si telle est ton envie,
A te tenir ici fidèle compagnie ;
Mais à condition d'exercer mon talent
A te faire passer les heures dignement.

FAUST

Si ton talent m'amuse, oh ! qu'à cela ne tienne !
Je suis charmé qu'ainsi la chose te convienne.

MÉPHISTOPHÉLÈS

Tes sens gagneront plus, mon cher, en vérité,
A ces quelques instants que nous passons ensemble,
Que d'une année entière à l'uniformité.
Ce que te chantera la troupe qui s'assemble,
Cette foule d'Esprits, et ses tableaux mouvants,
Ne sont pas, crois-le bien, de vains enchantements :
Ton palais va jouir, ton odorat de même,
Et ton cœur nagera dans une joie extrême. —
Point de préparatifs, il n'en est pas besoin :
Nous sommes réunis : chantez sans autre soin.

3

ESPRITS

Loin, loin de nos yeux,
Vieilles voûtes sombres !
O clarté des cieux,
Dissipe leurs ombres.
Vous, brouillards jaloux,
Déchirez vos voiles ;
Soleils vifs et doux,
Brillantes étoiles,
Scintillez sur nous.

Troupe rayonnante
Des Esprits ailés,
Flexible, ondoyante,
Devant nous volez.
Suivez dans l'espace
Nos ardents désirs ;
Allez ! Sur leur trace
Semez les plaisirs.
Avec la ceinture,
Avec la bordure
De vos vêtements,
Parez la nature,
Décorez les champs ;
Couvrez la feuillée
Où les amoureux
D'une voix troublée
Echangent entre eux
De tendres aveux.

Doux trésors des treilles
Charmantes à voir,
Les grappes vermeilles
Tombent au pressoir ;
Des ruisseaux limpides
De vins écumants
Dans leurs flots rapides
Roulent des diamants.
Voyez ! ils s'étendent
Ainsi que des mers,
Et sur les prés verts
Au loin se répandent.

Partout de l'oiseau
Qu'anime la joie
Vers le grand flambeau

Le vol se déploie,
Ou vers les flots
Baignés par les flots.
Sur ces belles rives
On entend les sons
De mille chansons,
Et des danses vives
Foulent les gazons.
Tels visent aux cimes
Des rochers déserts.
Tels dans les abîmes
Des profondes mers;
Tels fendent les airs;
Et tous, de la vie
Pour goûter le miel,
Cherchent dans le ciel
Une étoile amie.

MÉPHISTOPHÉLÈS

Il dort; fidèlement, selon ma volonté,
Jeunes enfants de l'air, vous l'avez enchanté,
Et pour votre concours je vous suis redevable.
Non, tu n'es pas encore homme à tenir le diable !
Evoquez à ses yeux de douces visions;
Comme au sein d'une mer, dans les illusions
Plongez-le. Quant à moi, pour détruire le charme
Qui m'arrête, il me faut, de plus, avoir la dent
D'un rat; c'est un objet tout à fait important.
Mais je suis sur ce point en ce lieu sans alarme.
J'en entends un déjà dans un coin grignotter;
Je ne tarderai pas à m'en faire écouter.
—Le seigneur des souris, des rats, et des insectes,
Mouches, vermine, poux et punaises infectes,
T'ordonne de ronger ce seuil, et sans retard,
Tout comme s'il était frotté d'huile ou de lard.
Bien; te voilà déjà, Vite, vite, à l'ouvrage !
C'est cette pointe, au bord, qui m'arrête au passage.
Un dernier coup de dent ; — c'est fait !

(Il s'échappe.)

FAUST

Suis-je déçu
Encore cette fois? comment a disparu

Ce chœur d'Esprits? En songe ai-je donc vu le diable?
Et n'ai-je laissé fuir qu'un barbet misérable?

<hr/>

CABINET D'ÉTUDE

FAUST

On frappe ; entrez. Qui vient encor me tourmenter?

MÉPHISTOPHÉLÈS

Moi, docteur.

FAUST

Entre.

MÉPHISTOPHÉLÈS

Il faut trois fois le répéter.

FAUST

Entre donc !

MÉPHISTOPHÉLÈS

Tu me plais fort de cette manière,
Et nous nous entendrons à merveille, j'espère.
Pour chasser ta tristesse et ta mauvaise humeur,
Je viens ici, vêtu, comme un jeune seigneur,
De l'habit brodé d'or, de couleur écarlate,
Le manteau de satin pendant à l'omoplate,
Une plume de coq au chapeau, comme il sied,
Et l'épée au côté descendant jusqu'au pied.
Habille-toi de même, et paré de la sorte,
Hâte-toi de sortir d'ici sous mon escorte.
Libre enfin, maintenant, si tu veux m'écouter,
Viens connaître la vie et l'expérimenter.

FAUST

En sentirai-je moins, quelqu'habit que je prenne,
Les chagrins, les soucis de l'existence humaine?
Je suis trop vieux déjà pour goûter les plaisirs :
Je suis trop jeune aussi pour vivre sans désirs.
Quoi de bon aujourd'hui pourrait m'offrir le monde?
« Tu manqueras de tout sur la machine ronde. »
Ces mots sont le refrain éternel, importun,

Qui frappe à tout moment l'oreille de chacun,
Et que, durant le cours de notre vie entière,
Chaque heure nous redit jusques à la dernière.
Le matin je m'éveille hélas! avec effroi;
Je verserais des pleurs de sang lorsque je voi
Ce jour qui de mes vœux — ô misère suprême! —
N'exaucera pas un, pas un seul, et qui même
Par un intérieur et fantasque tourment,
Chasse de tout plaisir jusqu'au pressentiment,
Et des créations, filles de mon génie,
Paralyse l'essor par les maux de la vie.
Lorsqu'arrive la nuit, sur mon lit sans repos,
De fantômes affreux, d'épouvantables songes
Le sommeil fait planer les sinistres mensonges,
Ou de mes yeux lassés éloigne ses pavots.
Le Dieu qui dans mon sein habite et règne en maître
Peut bien bouleverser à son gré tout mon être;
Mais, lui qui me domine et m'agite, hors de moi
Il ne peut rien mouvoir. Voilà, voilà pourquoi
La vie est un fardeau qui lasse ma constance,
Me fait aimer la mort et haïr l'existence.

MÉPHISTOPHÉLÈS

Tu le dis; cependant il est bien reconnu
Que la mort n'est jamais un hôte bienvenu.

FAUST

Oh! trop heureux celui qu'au sein de la victoire
Elle orne tout sanglant du laurier de la gloire;
Celui qu'après la danse, ivre de volupté,
Elle surprend aux bras d'une jeune beauté!
Ah! dussé-je exhaler le souffle qui m'anime,
Que ne puis-je te voir en face, Esprit sublime!

MÉPHISTOPHÉLÈS

Et *quelqu'un*, cependant, cette nuit, n'a pas bu
Certaine liqueur brune...

FAUST

                    Eh! comment le sais-tu?
Tu te mêles un peu d'espionner, je pense.

MÉPHISTOPHÉLÈS

Je ne possède pas, certes, l'omniscience:
Pourtant, je sais beaucoup.

FAUST

Puisque de doux accents
A cette horrible angoisse ont arraché mes sens,
M'offrant dans un trompeur et séduisant mirage
Les jours si fortunés, si doux de mon jeune âge,
Je maudis les attraits, les fascinations
Qui submergent mon âme en ces illusions,
Et qui, la bannissant dans ces tristes demeures,
La voilent d'éclat faux, de mensonge et de leurres.
Que maudit soit d'abord cet orgueil sans raison
Dont s'enivre l'esprit ! — détestable poison ! —
Maudite l'apparence en erreurs si féconde,
Où de nos sens trompés le jugement se fonde !
Maudits les songes vains, pleins de félicité,
D'impérissable gloire et d'immortalité !
Maudite soit — valet, charrue, enfant ou femme —
Toute possession qui chatouille notre âme !
Que maudit soit Mammon, lorsque pour ses trésors
Il nous pousse à tenter d'audacieux efforts,
Ou quand, pour le repos indolent, il dispose
Les coussins de duvet que parfume la rose !
Maudit soit du raisin le nectar savoureux !
Maudits soient les transports des couples amoureux !
Maudite soit la foi ! maudite l'espérance !
Et maudite surtout, enfin, la patience !

CHOEUR D'ESPRITS, invisible

Malheur, hélas !
Douleur profonde !
Ce brillant monde
Vole en éclats !
La main hardie
D'un demi-Dieu
Brise ta vie...
Beau monde, adieu !

Dans le néant nous portons tes ruines,
Et nous pleurons sur tes beautés divines.

O le plus puissant
Des fils de la terre,
Refais-le plus grand,
Ce monde éphémère ;

Trace dans ton sein
De ce noble ouvrage
Un plus beau dessin :
D'un nouveau voyage
Entreprends le cours
A travers la vie ;
Notre voix amie,
Douce mélodie,
Te suivra toujours.

MÉPHISTOPHÉLÈS

Prête bien l'oreille
A ces plus petits
D'entre les Esprits :
Leur voix te conseille
Et l'activité
Et la volupté :
Sagesse profonde !
Va donc par le monde ;
La clarté l'inonde,
Le ciel lui sourit.
Quitte ce réduit
Où règne la nuit,
Où, froid et sans flamme,
Le cœur se flétrit,
Où des sucs de l'âme
La source tarit.

A ce sombre chagrin qui dévore ta vie
Comme un cruel vautour, cesse de t'asservir ;
Dusses-tu fréquenter la pire compagnie,
Homme avec les humains tu pourras te sentir.
Cependant ne va pas t'imaginer qu'on aille
Te mêler aux ébats de la vile canaille.
Certes, je ne suis pas moi-même des premiers ;
Mais si tu veux marcher avec moi dans la vie,
A me soumettre à toi je consens volontiers,
Et serai ton valet, si c'est ta fantaisie.

FAUST

Mais, en retour, à quoi devrai-je m'engager ?

MÉPHISTOPHÉLÈS

Oh ! pour cela, tu peux à loisir y songer.

FAUST

Le diable est égoïste, et, quand il nous oblige,

Ce n'est guère l'amour de Dieu qui le dirige.
Fais tes conditions; souvent c'est un malheur
Que d'avoir au logis un pareil serviteur.

MÉPHISTOPHÉLÈS

Je m'engage à courir, étant à ton service,
Sans trêve ni repos, à ton moindre caprice :
Mais lorsque là-dessous nous irons quelque jour.
Les rôles changeront; voilà ! — Chacun son tour.

FAUST

Ce dessous-là vraiment ne m'inquiète guère,
Et si tu mets d'abord notre monde en poussière,
L'autre peut arriver. Cette terre produit
Mes plaisirs, ce soleil sur mes souffrances luit.
De mes liens mortels que le temps me délivre,
Je ne veux rien savoir de ce qui pourra suivre,
Ni s'il existe encore une haine, un amour,
Un dessus, un dessous dans un autre séjour.

MÉPHISTOPHÉLÈS

Les dispositions que tu me fais paraître
Sont bonnes pour tenter l'affaire. Engage-toi
Seulement, et, mon cher, tu peux compter sur moi : —
Par l'effet de mon art tu vas bientôt connaître
Des plaisirs jusqu'ici des hommes inconnus,
Des plaisirs que jamais ils n'ont même entrevus.

FAUST

Que peux-tu me donner que des choses infimes,
Pauvre diable? Jamais dans ses élans sublimes
Tes pareils n'ont compris le noble esprit humain ;
Tes aliments grossiers n'apaisent pas sa faim.
Tu m'offres l'or vermeil qui de tes doigts, sans cesse,
Comme le vif-argent s'écoule avec prestesse;
Un jeu qui passionne et ne laisse aucun gain.
Une fille en mes bras souriant au voisin,
L'honneur, plaisir de dieux, l'honneur que l'on adore
Et qui s'évanouit ainsi qu'un météore !
Montre-moi, montre-moi le fruit qui se pourrit,
Avant que sur la branche une main ne le cueille;
Montre-moi, s'il en est, un arbre dont la feuille,
Immortel ornement, chaque jour reverdit.

MÉPHISTOPHÉLÈS

Il n'est rien en cela, crois-le, que je ne puisse,
Et j'ai de ces trésors toujours à ton service.
Ami, le temps approche où dans la volupté
Nous pourrons nous plonger avec sécurité.

FAUST

Si jamais, étendu sur un lit de paresse,
Je goûte ce repos si cher à la mollesse,
Que ce soit fait de moi sur le champ ! — Si tu peux
M'amener à ce point de me plaire à moi-même,
Et m'endormir au sein des voluptés, je veux
Que ce jour-là pour moi sonne l'heure suprême.
Je t'offre le marché.

MÉPHISTOPHHÉLÈS

Tope !

FAUST

C'est convenu ;
Nous sommes engagés et le pacte est conclu.
Si du moment qui fuit ma voix jamais implore
Un retard ; si jamais je lui dis : « Reste encore,
Tu me parais si beau !... » — charge-moi, j'y consens,
Charge-moi sans pitié des fers les plus pesants;
Que la cloche des morts résonne sur ma tombe;
Que l'horloge s'arrête et que l'aiguille tombe;
Que le temps, en un mot, pour moi soit accompli !
De ton service alors tu seras affranchi.

MÉPHISTOPHÉLÈS

Je ne l'oublirai pas ; toi, songe à ta parole.

FAUST

Ma parole, ô démon, n'est pas un son frivole.
Vivre esclave est mon sort : je subis cette loi.
Que m'importe de l'être ou d'un autre ou de toi?

MÉPHISTOPHÉLÈS

Aujourd'hui près de vous je ferai mon service,
A table, et de valet je remplirai l'office.
Avant de commencer, pourtant, un mot encor :
Je vous demande, au nom de la vie ou la mort,
De vouloir me donner d'écriture une ligne.

FAUST

Quoi! tu veux un écrit de moi, pédant insigne!

Ne connais-tu pas l'homme encore? ignores-tu
Tout ce que la parole humaine a de vertu?
N'est-ce donc pas assez qu'à tout jamais la mienne
Dispose de mes jours, de moi, quoi qu'il advienne?
Quand par mille courants le monde est ballotté,
Quoi! par un mot d'écrit je serais arrêté!
Et pourtant, qui voudrait d'une telle chimère
Se délivrer? Qui peut de son cœur la bannir?
Heureux celui qui garde une foi pure, entière!
Après le sacrifice il est sans repentir.
Mais, écrit et scellé, tout parchemin est comme
Un fantôme effrayant dont l'aspect trouble l'homme
Et le fait reculer avec tressaillement.
Sous la plume déjà succombe le serment,
Et l'on ne reconnaît aujourd'hui que l'empire
Du parchemin puissant et du cachet de cire.
Qu'exiges-tu de moi? réponds, Esprit malin:
Airain, marbre, papier, tablette ou parchemin?
Plume, style ou poinçon, de quoi ferai-je usage?
Je te laisse le choix.

MÉPHISTOPHÉLÈS

Là, là, quel bavardage!
Pourquoi tant t'échauffer? un morceau de papier
Suffit. Avec ton sang écris ta signature.

FAUST

Tu plaisantes, je crois?

MÉPHISTOPHÉLÈS

Nullement, je t'assure;
Le sang est pour ce cas un suc particulier.

FAUST, *signant*

Me voilà bien lié: sois sans inquiétude;
Je ne puis secouer une chaîne si rude.
De ma vie employer la force désormais,
C'est là précisément ce que je te promets.
Je me suis trop enflé, j'ignorais ma faiblesse;
Je descends à ton rang, je suis de ton espèce.
Du Grand-Esprit je suis dédaigné, je le vois;
La nature se ferme et se cache de moi;
Le fil de ma pensée est rompu; la science
A brisé mes efforts, lassé ma patience

Dans l'abîme profond des sensualités
Apaise de mes sens les désirs emportés ;
Que les enchantements, au gré de mon envie,
S'apprêtent sous le voile obscur de la magie !
Plongeons-nous dans le bruit, le tourbillon du temps,
Dans le roulis du monde et des événements !
Allons de la douleur et de la jouissance,
Du succès, du malheur allons courir la chance !
Que l'un succède à l'autre au hasard, tour à tour !
Il faut qu'en action l'homme soit chaque jour.

MÉPHISTOPHÉLÈS

Il ne nous est prescrit mesure ni limites ;
Goûtez un peu de tout selon votre désir ;
Partout sur chaque objet dirigez vos poursuites,
Et saisissez au vol ce qu'on en peut saisir.
Attachez-vous à moi, ne soyez point timide.

FAUST

Tu sens bien que de joie il n'est pas question.
Je me voue au tumulte, au vertige rapide,
A l'âcre jouissance, à la prostration
Qui relève, à l'amour mêlé d'aversion !
De l'ardeur de savoir désormais affranchie,
Mon âme ne se ferme à nulle autre douleur,
Et toute jouissance à l'homme départie,
Je veux la savourer jusqu'en sa profondeur.
Oui, je prétends goûter dans son essence intime
Ce qu'elle a de secret, ce qu'elle a de sublime,
Dans mon sein entasser tout ce qu'elle contient,
Tout ce qu'elle produit et de mal et de bien,
Élargir vers son moi mon moi propre, et, comme elle,
Me briser à la fin sur ma route mortelle.

MÉPHISTOPHÉLÈS

Tu peux m'en croire, moi, qui depuis des mille ans
Mâche et remâche encor ces rudes aliments :
Le vieux levain jamais, durant sa vie entière,
Des langes au cercueil, l'homme ne le digère.
Le tout n'est que pour Dieu, comme a dit un de nous :
Il est fait pour celui qui nous a créés tous.
A Dieu seul appartient l'éternelle lumière ;
Les ténèbres à nous, la pleine obscurité ;

A vous la nuit, le jour ; — mais un jour sans clarté !

FAUST

Je veux !

MÉPHISTOPHÉLÈS

C'est entendu. Cependant, une chose
M'embarrasse beaucoup, et ce n'est pas sans cause :
Le temps est court, et l'art, au contraire, est fort long.
Vous ne feriez pas mal de vous instruire ; donc,
          Associez-vous un poëte,
Un poëte rempli d'imagination,
Qui rassemble sur vous mainte perfection
          Du corps, du cœur et de la tête :
L'agilité du cerf, la force du lion,
          De l'homme du Nord la constance,
Et de l'Italien la chaude effervescence.
Qu'il trouve le secret, dans son habileté,
D'unir à l'esprit fin la magnanimité,
Et, sur le même plan, qu'il vous donne l'ivresse
Des amoureux désirs qui brûlent la jeunesse.
Si cet homme existait, il aurait bien le droit
De se faire appeler Microcosme, je croi.

FAUST

Que suis-je donc, hélas ! s'il ne m'est pas possible
De parvenir au but où tendent mes souhaits ?
Si sa hauteur pour moi demeure inaccessible ?

MÉPHISTOPHÉLÈS

Quoi qu'on fasse, mon cher, on est ce que l'on est.
De perruques sans fin que ton front se couronne,
Pour chaussure à tes pieds mets des socques d'une aune,
Ce sera toujours toi.

FAUST

          Je le sens... ô regret !
Vainement ai-je acquis, au prix de mille peines,
Les trésors de l'esprit, des sciences humaines ;
Lorsque, de temps en temps, résumant mes travaux,
En moi je me recueille et prends quelque repos,
Je ne sens de mon sein nulle force nouvelle
Jaillir ; je vois que rien à moi ne se révèle,
Que je perds mon labeur, que je n'ai point grandi,
Et que je ne suis pas plus près de l'infini.

MÉPHISTOPHÉLÈS

C'est que, mon bon monsieur, les choses de la terre
Vous les voyez ainsi qu'on les voit d'ordinaire.
Il faut s'y prendre mieux avant que les plaisirs
S'échappent à jamais en trompant nos désirs.
Quoi donc ! tes pieds, tes mains, ta tête, ton derrière (1),
Tous tes membres, enfin, ne sont-ils pas à toi ?
Et tout objet dont j'ai la jouissance entière,
Pour nouveau qu'il puisse être, en est-il moins à moi ?
Si j'ai six beaux chevaux peuplant mon écurie,
Leurs forces, c'est bien clair, des miennes font partie.
Je les monte : voilà que leurs pieds vigoureux
M'appartiennent ; j'en ai vingt-quatre au lieu de deux.
Alerte ! laisse-là la pensée inféconde,
Et te lance avec moi dans les sentiers du monde.
Un drôle qui spécule est comme un animal
Qui, sous l'impulsion de quelqu'esprit du mal,
Dans l'aride bruyère en vain cherche pâture,
Quand les prés d'alentour étalent leur verdure.

FAUST

Commençons-nous bientôt ?

MÉPHISTOPHÉLÈS

Nous partons à l'instant.
Ce cabinet obscur est par trop attristant.
Est-ce vivre cela, que s'ennuyer sans cesse
En ennuyant aussi cette pauvre jeunesse ?
Laisse un pareil métier à ton voisin pansu.
Fi donc ! battre toujours la paille ! y songes-tu ?
A l'écolier qui vient auprès de toi s'instruire,
Ce que tu sais le mieux tu n'oses pas le dire. —
J'en entends un marcher dans le fond du couloir.

FAUST

Je ne suis pas du tout en train de recevoir.

MÉPHISTOPHÉLÈS

Mais le pauvre garçon attend depuis une heure ;
Il ne doit pas sortir chagrin de ta demeure.
Prête-moi ton bonnet et ta robe un moment ;
Rien ne peut m'aller mieux que ce déguisement.

(Il s'habille.)

(1) Littéral.

Puisqu'à te suppléer un instant je m'engage,
Toi, va te préparer pour notre beau voyage.

(Faust sort.)

MÉPHISTOPHÉLÈS, dans les longs vêtements de Faust

Méprise la science, écarte la raison
Qui de l'humanité sont la force suprême:
Dans les enchantements et dans l'illusion,
Mû par l'esprit d'erreur, cours te plonger toi-même ;
Alors tu m'appartiens — et sans restriction !
— Le destin t'a doué d'un esprit incapable
De s'arrêter jamais dans son vol indomptable.
Dans l'essor qui l'emporte, aveugle en ses désirs,
Il franchit à pieds joints les terrestres plaisirs.
Entraîné dans la vie et ses déserts arides,
Comme le malheureux à moi va s'accrocher!
Et toujours il verra, sans pouvoir y toucher,
La boisson, l'aliment fuir ses lèvres avides.
En vain dans sa détresse il implore merci;
Je suis sourd: de ses maux je n'aurai nul souci;
Et ne se fût-il point donné lui-même au diable,
Sa perte n'en serait pas moins inévitable.

UN ÉCOLIER, entrant

Depuis peu dans la ville, avec soumission
Je viens ici, monsieur, faire la connaissance
D'un homme dont partout on vante la science,
Pour qui le monde est plein de vénération.

MÉPHISTOPHÉLÈS

Je vous suis obligé de votre courtoisie ;
Mais je ne suis qu'un homme ainsi qu'on en voit tant.
Vous êtes-vous ailleurs enquis auparavant?

L'ÉCOLIER

Oh ! chargez-vous de moi, monsieur, je vous en prie!
J'ai ce qu'on peut avoir de bonne volonté,
Suffisamment d'argent et beaucoup de santé.
Mon départ fut cruel pour le cœur de ma mère;
Mais, ici, je pourrai m'instruire, je l'espère.

MÉPHISTOPHÉLÈS

Vous êtes à la source.

L'ÉCOLIER

A parler franchement,

Je m'en retournerais sans peine en ce moment :
Ces salles et ces murs n'offrent rien qui me plaise ;
C'est un espace étroit où l'on n'est pas à l'aise ;
On n'y voit rien de vert, point d'arbres ;— sur ces bancs
Je perds et la pensée et l'usage des sens.

MÉPHISTOPHÉLÈS

Oh! sur cela n'ayez aucune inquiétude ;
On se fait aisément à tout par l'habitude.
C'est ainsi que du sein de sa mère l'enfant
Se détourne d'abord ; et bientôt, cependant,
Pour en sucer le lait avec joie il le presse.
Ainsi vous sucerez le lait de la sagesse,
Et vous y prendrez goût aussi de jour en jour.

L'ÉCOLIER

Oui, je veux à son cou me pendre avec amour ;
Mais daignez m'enseigner le moyen, la manière.

MÉPHISTOPHÉLÈS

Sur ce point-ci d'abord il faut vous expliquer :
A quelle faculté voulez-vous appliquer
Votre esprit?

L'ÉCOLIER

Je voudrais posséder tout entière
La science du ciel et de la terre, — enfin
Embrasser la nature et pénétrer son sein.

MÉPHISTOPHÉLÈS

Vous êtes sur la voie; il la faut, d'un pas ferme
Et sans distraction, suivre jusques au terme.

L'ÉCOLIER

J'y suis de cœur et d'âme; un peu de liberté
Me plairait toutefois, aux beaux jours de l'été.

MÉPHISTOPHÉLÈS

Employez bien le temps: il fuit d'un pas agile ;
L'ordre, pour en gagner, est chose très-utile.
Je vous conseille donc, avant tout, mon garçon,
De suivre le cours de logique:
On y dresse l'esprit de la bonne façon.
Pour prévenir sa marche oblique,
De brodequins d'Espagne on le chausse à l'étroit ;
Et de cette manière il faut qu'il file droit,
Sans, comme un feu follet, s'égarer dans l'espace,

Et suive prudemment la routine à la trace.
Ensuite, on vous apprend que, pour ce qui se fait
De plus simple, (manger, boire, et choses semblables)
  Un, deux, trois sont indispensables.
De la pensée, ami, la fabrique, en effet,
Est comme le métier dont le tisseur agite,
Par un seul mouvement du pied, les fils nombreux :
La navette légère entre eux se précipite ;
Un seul coup a formé dans l'instant mille nœuds.
Le philosophe arrive, et vous démontre ensuite
Irréfutablement qu'il en doit être ainsi :
« Le premier est ceci, le second est ceci ;
« Donc, nécessairement, il faut que le troisième,
« A son tour, soit ceci, comme le quatrième ;
« Et si les deux premiers n'eussent pas existé,
« Les deux autres non plus n'auraient jamais été. »
Tous les étudiants dans la bouche d'un maître
Prisent fort ces raisons ; je n'en sais cependant
Aucun qui soit jamais devenu tisserand.
Celui qui veut comprendre, analyser un être,
Commence tout d'abord par en chasser l'esprit,
Et, croyant le tenir tout entier, le décrit.
Qu'y manque-t-il en somme ? — Oh ! pure bagatelle....
Le lien de ce corps, l'âme intellectuelle !
La chimie a nommé cette œuvre *Natura
Encheiresin.* Pour moi, je suis bien assuré
Que, sans aucunement s'en douter, la chimie
A fait sur elle-même une plaisanterie.

L'ÉCOLIER

S'il faut vous l'avouer, je n'ai pas bien compris.

MÉPHISTOPHÉLÈS

Les choses iront mieux quand vous aurez appris
A déduire, à classer.

L'ÉCOLIER

  Cela me rend tout bête ;
Je sens comme une roue à moulin dans ma tête,
Qui tourne, tourne et fait un bruit à rendre fou.

MÉPHISTOPHÉLÈS

Ce trouble passera ; du courage ! — Avant tout,
Il faut vous appliquer à la métaphysique ;

Elle vous apprendra comment on peut scruter
Ce que l'humain cerveau ne saurait comporter.
B en ou mal, servez-vous toujours d'un mot technique.
D'abord, pour ce semestre, ordonnez votre temps
De manière à ne perdre aucun de vos instants :
Aux cinq classes du jour, au premier coup de cloche,
Arrivez; de paresse évitez le reproche.
Ayez, avant le cours, soin de vous préparer ;
Surtout, du *paragraphe* il faut vous pénétrer,
Afin d'être bien sûr qu'il n'offre rien à lire
Qui ne soit dans le livre, et, néanmoins, écrire
Comme si l'Esprit-Saint dictait.

L'ÉCOLIER
                                    Pas n'est besoin
De me le répéter ; je ne l'oublierai point.
A suivre vos conseils je vois trop d'avantage ;
Car lorsque sur du blanc on a tracé du noir,
En rentrant au logis on peut s'apercevoir
Que la méthode est bonne et que cela soulage.

MÉPHISTOPHÉLÈS
Décidez-vous enfin pour une faculté.

L'ÉCOLIER
Je ne me sens nul goût pour la jurisprudence.

MÉPHISTOPHÉLÈS
Je ne puis vous en faire un crime, en vérité,
Sachant trop ce que vaut, au fond, cette science.
Comme une maladie éternelle je vois
Les lois se succéder, se succéder les droits ;
De générations elles traînent sans cesse
En générations, et passent sourdement,
En silence, d'un lieu dans l'autre : la sagesse
Alors devient folie, et le bienfait tourment.
Malheur à toi, malheur, ô triste descendance !
Car le droit que tout homme apporte à sa naissance,
Ce droit sacré, jamais il n'en est question.

L'ÉCOLIER
Ah ! vous mettez le comble à mon aversion.
Heureux qui près de vous s'instruit ! — J'ai presque envie
De tourner mon esprit vers la théologie.

4

MÉPHISTOPHÉLÈS

Je voudrais bien ne pas vous induire en erreur.
Cette science, obscure au point qu'on n'y voit goutte,
Bien souvent, nous expose à faire fausse route ;
Le poison qu'elle cache est d'un aspect trompeur ;
Il ressemble au remède. Ici donc, le meilleur
Est de suivre le maître et lui seul. Somme toute,
Arrêtez-vous aux mots : la certitude alors
Vous ouvrira son temple aux tranquilles abords.

L'ÉCOLIER

Mais le mot doit toujours contenir une idée.

MÉPHISTOPHÉLÈS

De cela n'ayez point la cervelle obsédée,
Car, où manque l'idée, on peut fort à propos
Et très-utilement substituer les mots.
Avec les mots on peut ériger un système ;
On peut avec les mots disputer vaillamment ;
Aux mots en tout pays l'homme croit aisément ;
Il n'en retrancherait pas un iota même.

L'ÉCOLIER

Une demande encor. Daignez me pardonner
Si je ne cesse pas de vous importuner.
Ne me direz-vous rien touchant la médecine ?
Trois ans... oh ! c'est bien peu pour un si vaste champ
A parcourir ! j'y songe, et cela me chagrine.
Mais qu'un signe du doigt vous dirige, on se sent
Plus de force et d'ardeur pour marcher en avant.

MÉPHISTOPHÉLÈS (à part)

Le ton sentencieux de fatigue m'accable ;
Quittons-le, reprenons notre rôle de diable.

(Haut)

La médecine, dite aussi l'art de guérir,
Dans son esprit, mon cher, est facile à saisir :
Vous étudiez bien le grand, le petit monde,
Avec attention vous y plongez la sonde,
Et lorsque vous avez peiné, sué beaucoup,
A la grâce de Dieu vous abandonnez tout.
C'est en vain qu'on voudrait tout savoir, tout comprendre ;
Chacun n'apprend enfin que ce qu'il peut apprendre.
Mais il est, il est seul et véritablement

Homme, celui qui sait s'emparer du moment.
Vous avez bonne mine, et vous devez, je pense,
Etre pourvu d'audace assez passablement.
Pour peu que vous ayez en vous de confiance,
Vous en inspirerez aux autres, sûrement.
Apprenez avant tout à diriger les femmes:
Leurs maux et leurs vapeurs, mon cher, sachez-le bien,
Peuvent tous se guérir par le même moyen;
Et pour traiter leurs corps il faut traiter leurs âmes.
Montrez-leur des égards demi-respectueux,
Auprès d'elles vos soins deviendront fructueux.
Un titre doit d'abord leur donner confiance
Que rien de leur docteur n'égale la science;
Ensuite vous pourrez vous permettre aisément
Certaines privautés auxquelles, sans nul doute,
D'autres n'arriveraient que bien péniblement,
Après s'être longtemps fatigués sur la route.
Tâtez-leur bien le pouls, et, tout en le pressant,
Décochez un regard furtif et caressant;
Appuyez une main sur leur taille élancée,
Pour voir si le corset ne l'aurait point blessée.

L'ÉCOLIER

A la bonne heure! au moins on comprend bien ceci.

MÉPHISTOPHÉLÈS

La théorie est sèche et grise, mon ami;
Mais l'arbre de la vie est vert et plein de sève.

L'ÉCOLIER

En vérité, cela me fait l'effet d'un rêve.
Oserai-je venir une autre fois encor
Écouter vos conseils, puiser à ce trésor?

MÉPHISTOPHÉLÈS

Ce qui dépend de moi je me plais à le faire.

L'ÉCOLIER

Avant de vous quitter vous permettrez, j'espère,
Que j'emporte de vous un mot sur mon album.

MÉPHISTOPHÉLÈS

Volontiers.

(Il écrit et rend l'album.)

L'ÉCOLIER lit

Eritis sicut deus, bonum

Et malum scientes.

(Il salue avec respect et se retire.)

MÉPHISTOPHÉLÈS

Va donc, suis la sentence
Du serpent mon aïeul, et de ta ressemblance
Avec Dieu tu pourras un jour te repentir.

FAUST entrant

Où va-t-on maintenant? Il est temps de partir.

MÉPHISTOPHÉLÈS

Où tu voudras. Voyons le petit, le grand monde.
En plaisirs, en profits cette école est féconde.

FAUST

Par ma barbe! — j'en fais ici confession —
Je n'ai de savoir-vivre aucune notion.
Dans le monde jamais je n'ai su me produire ;
Je n'y puis réussir, je le sens trop, hélas!
La présence d'autrui suffit pour m'interdire,
Et je me trouverais toujours dans l'embarras.

MÉPHISTOPHÉLÈS

Cela viendra, mon cher; de vivre la science
Réside tout entière en ce mot : confiance.

FAUST

Comment sortir d'ici? pour nous mettre en chemin
Où prendrons-nous valets, chevaux, carrosse enfin ?

MÉPHISTOPHÉLÈS

Ce manteau que j'étends sera notre équipage :
Par la route des airs il va nous transporter.
Seulement, avec toi garde-toi d'emporter
De gros et lourds paquets, gênants pour le voyage.
Avec un peu de gaz que je vais préparer,
De terre sur le champ nous allons démarrer ;
Si nous sommes légers, crois-moi, nous irons vite.
Tu te lances, mon cher, et je t'en félicite.

LA TAVERNE D'AUERBACH A LEIPZIG

SOCIÉTÉ DE JOYEUX COMPAGNONS.

FROSCH

Quoi ! personne ne rit et personne ne boit !
Vous, toujours si joyeux, d'où vient que l'on vous voit
Aujourd'hui d'une humeur si triste et si chagrine ?
Ah ! je vais vous apprendre à faire ainsi la mine !

BRANDER

C'est ta faute ; tu n'as encor jusqu'à présent
Dit aucune bêtise, aucun mot indécent.

FROSCH (lui versant un verre de vin sur la tête)

Voilà !

BRANDER

Double cochon !

FROSCH

Vous voulez qu'on soit sale ;
Il faut l'être.

SIEBEL

Sortez, querelleurs, de la salle !
Crions à pleine voix : hola ! ho ! répétons
A la ronde : hola ! ho ! crions, buvons, chantons !

ALTMAYER

Quel tympan ne se brise à des clameurs pareilles ?
Apportez du coton pour boucher mes oreilles !

SIEBEL

Quand la voûte résonne, on peut juger alors
Que la basse a du creux.

FROSCH

Oui, c'est juste. Dehors
Ceux qui du bon côté ne prennent point les choses !
A bas les disputeurs et les esprits moroses !
Tara-da, tra-la-la !

ALTMAYER

Tara-da ! tra-la-la !

FROSCH

Les gosiers sont d'accord : c'est bien, c'est bien cela !

(Il chante)

4.

Ce cher Saint-Empire romain,
Comment subsiste-t-il encore?...

BRANDER

La vilaine chanson! fi donc! c'est pitoyable!
Foin de la politique, amis! qu'elle aille au diable!
Vous devez rendre grâce à Dieu, chaque matin,
De n'avoir point affaire à l'empire romain.
Moi, de n'être empereur ni chancelier, je jure
Que je suis fort heureux; c'est la vérité pure.
Pourtant d'un chef suprême on ne peut se passer;
Elisons donc un pape; il convient d'y penser.
Quant à la qualité dont doit être pourvue
La personne choisie, elle vous est connue.

(Il chante)

Beau rossignol, dépêche-toi,
Et va saluer ma maîtresse
Dix mille fois au moins pour moi.

SIEBEL

A ta maîtresse point de salut; je ne peux
Y consentir; jamais!

BRANDER

Salut à ma maîtresse!
Oui, salut, et baiser, qui plus est; je le veux!
Tu n'empêcheras pas l'effet de ma tendresse.

(Il chante)

Ouvre-moi ta porte, la nuit,
Quand dans la ville tout sommeille;
Ouvre à ton bien-aimé qui veille.
Ferme-la quand l'aurore luit.

SIEBEL.

Chante, chante à ton aise et célèbre ta belle;
Si tu ris à présent, bientôt j'aurai mon tour.
Lorsqu'elle m'a trahi, peux-tu compter sur elle?
Qu'un gnome la possède au coin d'un carrefour!
C'est un pareil galant qu'il faut à la donzelle.
Qu'un vieux bouc, revenant du Blocksberg au galop,
Lui chevrote un bonsoir en passant! Mais c'est trop
Qu'un brave et beau garçon, tout brillant de jeunesse,
Aille perdre son temps avec cette drôlesse.
Pour unique salut je lui veux en morceaux.

En jetant des cailloux, briser tous ses carreaux.

BRANDER, frappant sur la table.

Paix ! paix ! attention ! et que l'on m'obéisse !
Je sais vivre ; en est-il un parmi vous qui puisse
Le contester ? — Il est ici des amoureux ;
Selon l'usage, il faut que je fasse pour eux
Quelque chose de bon et qui les divertisse.
Écoutez ces couplets nouveaux ; avec entrain
Vous en répéterons ensemble le refrain.

(Il chante)

Certain rat dans une cuisine
Vivait ; il s'engraissa si bien
Qu'auprès de la sienne la mine
Du docteur Luther n'était rien.
Mais, un beau jour, la cuisinière
L'empoisonne ; il s'enfuit alors
Aussi penaud, le pauvre hère,
Que s'il avait l'amour au corps.

CHŒUR

Que s'il avait l'amour au corps.

BARNDER

Il mord, il déchire, il fait rage
Dans tous les coins de la maison :
Mais hélas ! rien ne le soulage
Des cruels tourments du poison.
Il a beau boire, il a beau faire,
Il se consume en vains efforts ;
Sa soif pas plus ne se modère
Que s'il avait l'amour au corps.

CHŒUR

Que s'il avait l'amour au corps.

BRANDER

Du mal croyant fuir la poursuite,
Il quitte, en criant, le grenier ;
Dans la cuisine il rentre ensuite,
Et vient expirer au foyer.
La servante se prit à rire,
Et dit en le voyant alors :
Il grille aussi bien, le beau sire,
Que s'il avait l'amour au corps.

CHŒUR

Que s'il avait l'amour au corps.

SIEBEL

Comme ces lourdauds-là s'en donnent à cœur joie !
Empoisonner un rat ! le bel exploit vraiment !

BRANDER

Quel zèle en leur faveur ce gros pansu déploie !

ALTMAYER

Le malheur le rend doux et plein de sentiment.
Dans le ventre gonflé de ce rat, en nature,
Le sensible garçon reconnait sa peinture.

FAUST ET MÉPHISTOPHÉLÈS entrent.

MÉPHISTOPHÉLÈS

Je t'introduis d'abord dans un cercle joyeux
D'aimables compagnons ; tu verras de tes yeux
Comme facilement on y mène la vie.
Chaque jour est pour eux une fête, une orgie.
Avec très-peu d'esprit, beaucoup de bonne humeur,
Ils tournent dans leur ronde étroite avec ardeur,
Comme de jeunes chats jouant avec leurs queues.
Ennemis du chagrin, le fuyant de cent lieues,
S'ils ont crédit chez l'hôte et s'ils sont bien portants,
Ils vivent sans soucis, en repos et contents.

BRANDER

Ces deux hommes sans doute arrivent de voyage ;
On le voit aisément à l'air de leur visage ;
Depuis une heure au plus ils doivent être ici.

FROSCH

Tu ne te trompes pas, j'en réponds, en ceci.
Vive notre Leipsig, Paris en miniature !
Ça vous forme des gens l'esprit et la tournure.

SIEBEL

Pour qui prends-tu ce couple étrange ?

FROSCH

                        S'il te plait,
Laisse moi faire un peu : je m'en vais, camarade,
A ces nouveaux-venus, en leur versant rasade,
Tirer les vers du nez, comme une dent de lait.
Ils ont l'air mécontent, la contenance fière,
Le regard ferme ; ils sont de bon lieu, si je n'erre.

BRANDER

Ce sont des charlatans, sûr; veux-tu parier?

ALTMAYER

Peut-être.

FROSCH

Il faut tâcher de les mystifier.

MÉPHISTOPHÉLÈS, à Faust,

Pauvres gens, qui jamais ne soupçonnent le diable,
Même lorsqu'il les tient au collet!

FAUST

Serviteur,

Messieurs.

SIEBEL

Nous vous rendons le salut de tout cœur.

(Bas, regardant Méphistophélès du coin de l'œil)

Qu'a-t-il donc à clocher, ce drôle?

MÉPHISTOPHÉLÈS

A votre table

Nous sera-t-il permis, messieurs, de nous asseoir?
A défaut de bon vin que l'on ne peut avoir,
Nous aurons le plaisir de votre compagnie.

ALTMAYER

Vous me semblez assez dégoûté.

FROSCH

Je parie

Que vous êtes sortis de Rippach un peu tard.
N'avez-vous point soupé chez monsieur Jean?

MÉPHISTOPHÉLÈS

Non, car

Nous voulions à Leipsig arriver de bonne heure,
Et nous ne sommes pas entrés dans sa demeure.
Mais, la dernière fois il nous avait causé
Beaucoup de ses cousins, nous chargeant de leur faire
Ses compliments à tous.

(Il s'incline vers Frosch.)

ALTMAYER, bas

Le gaillard est rusé,

Il s'est moqué de toi.

SIEBEL

C'est un madré compère.

FROSCH

Je prendrai ma revanche; attends!

MÉPHISTOPHÉLÈS

Des chants, je crois,

Quand nous sommes entrés, ont frappé mon oreille.
Non, je ne me suis pas trompé : des chœurs de voix
Doivent sous ces arceaux résonner à merveille.

FROSCH

Seriez-vous, par hasard, un virtuose?

MÉPHISTOPHÉLÈS

Oh! non;

Mais si le talent manque, il n'en est pas de même
Du désir.

ALTMAYER

Dites-nous alors une chanson.

MÉPHISTOPHÉLÈS

Autant qu'il vous plaira.

SIEBEL

Mais sur un nouveau thème.

MÉPHISTOPHÉLÈS

Justement nous venons d'Espagne, doux pays
Des chansons, des amours, des vins les plus exquis.

(Il chante)

Chez un roi jadis vivait
Un puceron mirifique.

FROSCH

Un puceron! vraiment la chose est impayable!
C'est un hôte gênant et fort désagréable.

MÉPHISTOPHÉLÈS

Chez un roi jadis vivait
Un puceron mirifique;
Ce roi tendrement l'aimait,
Comme on aime un fils unique.
Il fait venir un beau jour
Son tailleur pour qu'il l'habille:
Ça, dit-il, je veux qu'il brille,
Tel qu'un soleil à ma cour.

BRANDER

Dites bien au tailleur, dites-lui qu'il s'apprête
A prendre la mesure avec dextérité;

Car si les vêtements font un seul pli, sa tête,
Je le crains fort pour lui, n'est pas en sûreté.

MÉPHISTOPHÉLÈS

Pour l'insecte quelle joie,
Sur ses habits élégants
De fin velours et de soie,
D'étaler croix et rubans!
Grâce à son heureuse étoile,
Bientôt ses frères et sœurs
Sur cette mer des grandeurs
Voguent tous à pleine voile.

Les dames, les courtisans,
Atteints d'horribles piqûres,
N'osaient de leurs maux cuisants
Rien montrer sur leurs figures.
Nous n'avons pas leurs raisons
De prudente politique:
Lorsqu'un puceron nous pique,
Nous autres nous l'écrasons.

TOUS (faisant chorus et vociférant)

Losqu'un puceron nous pique,
Nous autres nous l'écrasons.

FROSCH

Bravo! bravo!

SIEBEL

Qu'ainsi tout puceron périsse!

BRANDER

Qu'avec habileté dans ses doigts on saisisse
L'insecte malfaisant! qu'on l'étouffe soudain!

ALTMAYER

Vive la liberté, morbleu! vive le vin!

MÉPHISTOPHÉLÈS

Messieurs, ainsi qu'à vous la liberté m'est chère,
Et je voudrais vider en son honneur un verre,
Si votre vin était un peu meilleur.

SIEBEL

Holà!

Ne vous avisez pas de répéter cela.

MÉPHISTOPHÉLÈS

Si je ne craignais point de commettre la faute,

En m'avançant ainsi, d'offenser un digne hôte,
A la réunion j'offrirais volontiers
Quelques échantillons sortis de nos celliers.

SIEBEL

Ne craignez rien ; je prends sur moi toute la chose.

FROSCH

N'allez pas nous verser vos vins à faible dose,
Car mon goût juge mal, je dois en convenir,
Si ma bouche en a moins qu'elle n'en peut tenir.

ALTMAYER (bas)

Ces hommes sont des bords du Rhin, la chose est claire.

MÉPHISTOPHÉLÈS

Un foret, je vous prie.

BRANDER

Et qu'en voulez-vous faire?
Vous n'avez pas sans doute apporté vos barils.

ALTMAYER

L'hôte a dans ce panier placé quelques outils.

MÉPHISTOPHÉLÈS prenant le foret à Frosch

Quel vin préférez-vous? veuillez bien me le dire.

FROSCH

Quoi donc! en avez-vous de tout genre, à foison?

MÉPHISTOPHÉLÈS

Je puis servir chacun ainsi qu'il le désire.

ALTMAYER, à Frosch

Tu te lèches déjà les lèvres, mon garçon.

FROSCH

Du Rhin! — Je fais mon choix, puisqu'on nous y convie;
Les produits les meilleurs sont ceux de la patrie.

MÉPHISTOPHÉLÈS perçant un trou dans le rebord de la table, à
la place où Frosch est assis

En guise de bouchons veuillez me procurer
De la cire

ALTMAYER

Ce sont des tours d'escamotage.

MÉPHISTOPHÉLÈS à Brander

Vous, monsieur, votre goût?

BRANDER

Je veux, pour mon usage,

Du Champagne mousseux.

(Pendant que Méphistophélès continue de forer, un des assistants fait les tampons et bouche les trous).

On ne saurait tirer

De son propre pays tout objet qui peut plaire;
Il faut bien recourir à la terre étrangère.
Un bon Allemand doit détester les Français;
Leurs vins ont néanmoins près de lui du succès.

SIEBEL, tandis que Méphistophélès s'approche de sa place.

Pour moi, je l'avouerai, l'aigre ne me plaît guère;
Veuillez donc me donner quelque chose de doux.

MÉPHISTOPHÉLÈS forant.

Le Tokay va couler et remplir votre verre.

ALTMAYER

Je le vois bien, messieurs, vous vous moquez de nous.
Allons! levez les yeux, regardez-nous en face.

MÉPHISTOPHÉLÈS

Nous, prendre pour jouets des hôtes comme vous!
Ce serait une étrange et singulière audace.
Voyons! quel est le vin que je puis vous offrir?

ALTMAYER

Tous sans exception; c'est assez discourir.

(Tous les trous sont percés et bouchés.

MÉPHISTOPHÉLÈS avec des gestes bizarres.

La vigne porte du raisin,
Et des cornes le bouquetin;
Le vin est un jus délectable,
Quoique de bois soit le sarment.
Ne peut-on pas voir une table
Donner du vin également?
De tout la nature est capable;
Étudiez-la seulement.

Maintenant, débouchez les trous; buvez sans gêne.

TOUS, tirant les bouchons, et chacun recevant dans son verre le vin qu'il a désiré.

Quelle source abondante! oh! la belle fontaine!

MÉPHISTOPHÉLÈS

Gardez-vous seulement d'en répandre, messieurs,
Et ne gaspillez pas ce nectar précieux.

(Ils se mettent à boire).

TOUS, chantant.

Nos bouches sont des antres,
Nos gosiers des canaux ;
Buvons donc à pleins ventres,
Comme cinq cents pourceaux.

MÉPHISTOPHÉLÈS

Quelles clameurs ! voyez leur bachique allégresse !
On n'en saurait douter, ces drôles sont heureux ;
On dirait que l'ivresse a comblé tous leurs vœux.

FAUST

J'ai hâte de sortir de ce lieu.

MÉPHISTOPHÉLÈS

Qui vous presse ?
Deux minutes encore, et dans sa nudité
Vous verrez pleinement leur bestialité.

SIEBEL. (Il boit sans précaution ; le vin coule à terre et se
change en flamme.)

A l'aide ! à mon secours ! l'enfer nous incendie.

MÉPHISTOPHÉLÈS parlant à la flamme.

Calme-toi, calme-toi, mon élément chéri.

(Aux convives).

Messieurs, pour cette fois, ce n'est rien que ceci,
Rien que du purgatoire une goutte sortie.

SIEBEL

Des flammes ! Qu'est-ce donc que cela signifie ?
Ah ! vous nous connaissez bien mal assurément.
Attendez ! vous allez le payer chèrement.

FROSCH

Qu'il recommence encore une autre fois, s'il l'ose !

ALTMAYER

De le mettre dehors, amis, je vous propose.

SIEBEL

Ce monsieur voudrait-il nous régaler ici
De son hocuspocus ? — Ce serait trop hardi.

MÉPHISTOPHÉLÈS

Vieux sac à vin !

SIEBEL

Manant, manche à balai, silence !

BRANDER

D'une grêle de coups payons son insolence.

ALTMAYER

(Il tire un bouchon de la table; une traînée de
feu jaillit et l'atteint.)

Ah! je brûle ! de feu je suis environné !

SIEBEL

Sorcellerie! allons! tombez sur ce damné.

(Ils tirent leurs couteaux et s'élancent sur Méphistophélès.)

MÉPHISTOPHÉLÈS, avec des gestes graves.

Prodiguez vos brillants mirages,
O magiques enchantements!
Illusions, fausses images,
Trompez leurs esprits et leurs sens !

(Ils s'arrêtent étonnés, et se regardent les uns les autres.)

ALTMAYER

Où suis-je? le beau site! en croirai-je ma vue?

FROSCH

Des côteaux ravissants, de vignes tout couverts !

SIEBEL

Des grappes sous la main! aurais-je la berlue?

BRANDER

Que de raisins vermeils sous ces feuillages verts !

(Il prend Siebel par le nez; les autres s'en font autant
mutuellement, et lèvent les couteaux.)

MÉPHISTOPHÉLÈS, comme plus haut.

Fuyez, illusions, grappes, vin délectable!
Et vous, sachez, messieurs, comment raille le diable.

(Il disparaît avec Faust; tous les compagnons lâchent
prise.)

SIEBEL

Qu'est-ce que tout cela ?

ALTMAYER

Quoi ?

FROSCH

Quel tour de lutin !

C'était ton nez !

BRANDER, à Siebel.

Et moi, j'ai le tien dans la main !

ALTMAYER

Je suis brisé du coup ; Dieu ! quelle violence!
Un siége, un siége, amis, je tombe en défaillance.

FROSCH

Mais explique-moi donc ce qui vient d'arriver ?

SIEBEL

Le drôle! si jamais je puis le retrouver,
Je le coupe en morceaux, ou le diable m'emporte!

ALTMAYER

A cheval sur un fût il a franchi la porte
De la cave. — Mes pieds sont lourds comme du plomb.

(Se tournant vers la table).

Ah! si le vin coulait encor, ce serait bon!

SIEBEL

Erreur que tout cela! visions et mensonge!

FROSCH

Puis-je me figurer que je n'ai fait qu'un songe?
Je croyais bien pourtant que je buvais du vin.

BRANDER

Et moi, que je palpais des grappes de raisin.

ALTMAYER

Philosophes railleurs, ô prétendus oracles!
Venez donc maintenant contester les miracles!

CUISINE DE SORCIÈRE

Sur un foyer très-bas, une grosse marmite est placée; dans la vapeur qui s'en élève se montrent diverses formes; une *Guenon*, assise près de la marmite, l'écume, et veille à ce qu'elle ne déborde pas. Le *Mâle*, avec ses petits, est assis près d'elle et se chauffe. Les murs et le plafond sont couverts d'ustensiles bizarres à l'usage de la sorcière.

FAUST, MÉPHISTOPHÉLÈS.

FAUST

J'ai de la répugnance à voir cet appareil
Fantastique et bizarre. Eh! quelles jouissances
Me promettre au milieu de ces extravagances?
Comment de cette vieille espérer un conseil?

Dans sa cuisine sale est-il quelque breuvage
Qui puisse de mon corps enlever trente ans d'âge?
Ne sais-tu rien de mieux? alors, malheur à moi!
J'ai perdu tout l'espoir que je fondais sur toi.
La nature, un Esprit supérieur à l'homme
N'ont-ils pour mes douleurs découvert aucun baume?

MÉPHISTOPHÉLÈS

Mon cher, à la raison je te vois revenir.
Il existe un moyen certain de rajeunir,
Un moyen naturel dans un livre sans titre;
Et c'en est là vraiment un curieux chapitre.

FAUST

Je veux le savoir.

MÉPHISTOPHÉLÈS

Bon! C'est un puissant moyen
Qui ne demande argent ni médecine, — rien.
Va t'établir aux champs, ploche et bêche la terre;
Que dans un cercle étroit ton esprit se resserre;
Nourris-toi de laitage et d'aliments frugaux;
Vis comme un animal avec les animaux;
Toi-même de tes mains fume le sol fertile
Où tu moissonneras tes épis abondants.
Crois-moi, c'est le meilleur moyen, le plus facile,
De rester jeune encor jusqu'à quatre-vingts ans.

FAUST

Des pénibles labeurs je n'ai point l'habitude;
La bêche est pour mes mains un instrument trop rude;
Enfin, la vie étroite est pour moi sans appas.

MÉPHISTOPHÉLÈS

La sorcière doit donc s'en mêler, en ce cas.

FAUST

Mais pourquoi justement cette vieille peau blême?
Ne pourrais-tu brasser cette liqueur toi-même?

MÉPHISTOPHÉLÈS

Ah! ma foi, ce serait un joli passe-temps!
J'aurais plutôt bâti mille ponts. La science
Et l'art, pour ce travail, seraient insuffisants;
Il exige surtout beaucoup de patience.
Un esprit calme emploie à sa confection
Bien des ans; au temps seul la fermentation

Doit sa force, et vraiment, c'est une chose étrange
Que tous les éléments qui forment ce mélange!
Le diable à la sorcière apprend l'art d'opérer ;
Mais il ne pourrait pas lui-même s'en tirer.

(Apercevant les animaux).

Oh! la gentille espèce! et qu'elle est agréable
A voir, près du foyer, cette famille aimable!
Tiens, voici la servante, et voici le valet.

(Aux animaux).

La patronne est absente, à ce qu'il me paraît.

LES ANIMAUX

Par la cheminée
Elle a décampé,
Et s'en est allée
Faire un bon soupé.

MÉPHISTOPHÉLÈS

Quel temps à ses ébats met-elle d'ordinaire?

LES ANIMAUX

Le temps que nous mettons à nous chauffer les pieds.

MÉPHISTOPHÉLÈS, à Faust.

Comment les trouves-tu ces animaux?

FAUST

Grossiers,
Absurdes; leur aspect n'a pas de quoi me plaire.

MÉPHISTOPHÉLÈS

Absurdes et grossiers! ce n'est pas mon avis;
Ce qu'ils ont dit est bon.

(Aux animaux).

Çà, répondez, maudits,
Que remuez-vous là? vous m'avez bien la mine
De faire dans ce vase une étrange cuisine.

LES ANIMAUX

Si tu veux le savoir, c'est la soupe des gueux.

MÉPHISTOPHÉLÈS

Vous aurez à coup sûr des convives nombreux.

LE MALE (Il s'approche de Méphistophélès et le flatte).

Jouons aux dés ensemble,
Et laisse-moi gagner;
La fortune, il me semble,
N'est pas à dédaigner.

Je suis dans l'indigence ;
Mais si j'avais de l'or,
J'aurais l'intelligence
Et tout le reste encor.

MÉPHISTOPHÉLÈS

Il serait enchanté, ce singe, je parie,
S'il pouvait seulement mettre à la loterie.

(Pendant ce temps-là, les petits se sont emparés d'une
grosse boule qu'ils font rouler en jouant.)

LE MALE

Voilà bien le monde ;
Car, toujours roulant,
La machine ronde
Monte et redescend.
Elle est si fragile
Qu'un seul choc, hélas !
Ainsi que l'argile
La brise en éclats.
Quoiqu'elle étincelle,
N'en approche pas,
Mon fils, fuis loin d'elle,
Ou crains le trépas.

MÉPHISTOPHÉLÈS

A quoi bon ce crible ?

LE MALE le ramassant

A rendre visible
L'âme d'un fripon.

(Il court vers la guenon et la fait regarder au travers.

Regarde, ma chère ;
Ose sans mystère
Me dire son nom.

MÉPHISTOPHÉLÈS s'approchant du feu.

Et ce pot ?

LE MALE ET LA FEMELLE

Oh ! la lourde tête !
Il ne sait pas, le triple sot,
D'un chaudron distinguer un pot.

MÉPHISTOPHÉLÈS

Couple sordide et malhonnête !

LE MALE

Vite ! assieds-toi là, mon luron,
Et prends en main ce goupillon.

(Il force Méphistophélès à s'asseoir).

FAUST, qui, tout ce temps, s'est tenu devant un miroir,
tantôt s'approchant, tantôt s'éloignant.

Que vois-je? quelle image adorable, angélique,
Se montre à mes regards dans ce miroir magique!
Sur ton aile rapide, amour, puissant amour,
Porte-moi sans retard dans son heureux séjour.
Ah! quand je bouge et veux m'approcher davantage,
Je ne puis plus la voir qu'à travers un nuage.
O forme sans pareille en sa suavité!
Un corps humain peut-il avoir tant de beauté?
Dans cette femme, là, sous mes yeux étendue,
Tous les trésors des cieux s'offrent-ils à ma vue?

MÉPHISTOPHÉLÈS

Eh! lorsqu'un Dieu pendant six jours a travaillé,
Que de ce qu'il a fait il s'est émerveillé,
Qu'il s'est loué lui-même, — il est assez probable
Que ses mains ont produit quelqu'ouvrage passable.
Ici ton regard seul peut se rassasier;
Mais je te trouverai quelque perle pareille.
Heureux qui, possesseur d'une telle merveille,
La fera comme épouse asseoir à son foyer!

(Faust regarde toujours dans le miroir. Méphistophélès,
s'étendant dans le fauteuil, et jouant avec le goupillon,
continue de parler.

Sceptre en main, comme un roi me voici sur le trône;
Il ne me manque plus, ma foi, que la couronne.

(Les animaux qui, jusque-là, ont exécuté force mouvements
bizarres, apportent, en poussant de grands cris, une
couronne à Méphistophélès).

Avec du sang, de la sueur,
Raccommodez-la, Monseigneur;
Daignez la prendre, on vous la donne.

(Ils sautent gauchement de côté et d'autre avec la couronne,
et la brisent en deux morceaux avec lesquels ils dansent
en rond).

Ah! c'est fait! nous parlons,
Nous voyons, entendons,
Et, de plus, nous rimons.

FAUST (tourné vers le miroir).

Ciel! quel trouble nouveau de mon âme s'empare!

MÉPHISTOPHÉLÈS (montrant les animaux).

Ah! moi-même, je sens que ma tête s'égare.

LES ANIMAUX

Si cela réussit,
C'est grâce à notre esprit,
Grâce à notre mérite.

FAUST (comme plus haut).

Mon sein brûle et s'enflamme; éloignons-nous bien vite.

MÉPHISTOPHÉLÈS

Mon cher, il faut du moins l'avouer franchement,
Ces animaux-là sont des poëtes, vraiment.

(La marmite, que la guenon a négligée un instant, commence à déborder; une grande flamme s'élève et monte
dans la cheminée. La sorcière descend à travers la flamme
en poussant des cris affreux.)

LA SORCIÈRE

Au! au! au! au!
Détestable animal, damné, damné, pourceau!
Tu répands la marmite
Et me grilles la peau,
O canaille maudite!

(Apercevant Faust et Méphistophélés).

Hé! hé! qu'est donc ceci?
Que faites-vous ici?
Qui s'introduit ainsi?
Vous sentirez, morbleu,
Les caresses du feu!

(Elle plonge l'écumoire dans la marmite, et asperge de
flammes Faust, Méphistophélés et les animaux. Les animaux hurlent.)

MÉPHISTOPHÉLÈS, (retournant le goupillon qu'il tient dans
la main, et frappant à droite et à gauche sur les verres
et sur les pots).

Tiens, vois ta bouillie
Couler à long flots!
Vieux verres, vieux pots,
A ma fantaisie
Tombez en morceaux!
Sorcière, ma mie,
Avec ce bâton,
A ta mélodie
Je donne le ton.

(La Sorcière recule pleine de colère et d'effroi.)

5.

Squelette, épouvantail, ne peux-tu reconnaître,
En le voyant agir, ton seigneur et ton maître?
Je ne sais qui me tient que je ne mette pas
En pièces ta carcasse avec tes Esprits-chats.
Du pourpoint rouge as-tu perdu la révérence?
De la plume de coq n'as-tu plus connaissance?
Ai-je caché ma face? Ai-je voilé mon front?
Et faudra-t-il encor que je dise mon nom?

LA SORCIÈRE

Seigneur, pardonnez-moi cet accueil un peu rude;
Mais je n'aperçois point votre pied de cheval.
Où sont les deux corbeaux, vos suivants d'habitude?

MÉPHISTOPHÉLÈS

Je ne te ferai pas, cette fois, d'autre mal;
Je veux avoir égard à cette circonstance
Que nous sommes restés longtemps sans accointance.
La civilisation qui, prenant son essor,
A poli l'univers, s'étend jusques au diable,
Et l'on ne parle plus de fantôme du Nord,
De cornes, griffes, queue, ou de chose semblable.
Quant au pied de cheval, afin de corriger
Ce défaut qui pourrait me nuire dans le monde,
J'ai de nos jeunes gens appris à m'arranger
Avec de faux mollets une jambe assez ronde.

LA SORCIÈRE, dansant.

Ah! j'en perds la raison et l'esprit sur ma foi:
Satan est gentilhomme, et le voici chez moi!

MÉPHISTOPHÉLÈS

De prononcer ce nom je te défends, la vieille.

LA SORCIÈRE

Que vous a-t-il donc fait pour choquer votre oreille?

MÉPHISTOPHÉLÈS

Il ne figure plus que dans les contes bleus;
Mais l'homme pour cela, certes, n'en vaut pas mieux.
Délivré du Malin qu'il redoutait naguère,
Il voit que les malins sont restés sur la terre.
Donc, ne me nomme plus que monsieur le baron;
Je suis un cavalier comme d'autres le sont.
De sang noble on ne peut douter que je ne sorte;
Tiens, regarde, voilà l'écusson que je porte.

(Il fait un geste indécent.)

LA SORCIÈRE, riant aux éclats.

Ha! ha! je reconnais votre genre à présent;
Vous n'avez pas cessé d'être un vrai garnement.

MÉPHISTOPHÉLÈS à Faust.

Prends modèle sur moi ; c'est de cette manière
Qu'il faut se comporter avec toute sorcière.

LA SORCIÈRE

Et maintenant, de moi qu'exigez-vous, messieurs?

MÉPHISTOPHÉLÈS

Un verre d'élixir... tu sais bien? — du plus vieux ;
Car les ans de beaucoup augmentent sa puissance.

LA SORCIÈRE

Volontiers. Il m'en reste un flacon qui, je pense,
Pourra vous agréer ; de temps en temps j'en fais
Usage pour moi-même ; il ne sent plus mauvais,
Grâce à son âge ; c'est une liqueur choisie.

(Bas).

Mais si cet homme en boit, sans être préparé,
Vous savez qu'il n'a pas pour une heure de vie.

MÉPHISTOPHÉLÈS

Contre un pareil effet mes soins l'ont assuré,
Et je lui donnerais, sans crainte de lui nuire,
La plus forte boisson que ton art peut produire.
Trace ton cercle, et dis tes paroles, d'abord;
Puis, offre-lui la tasse, et verse jusqu'au bord.

FAUST

Non! — Dis-moi: de cela que veux-tu que j'attende?
Pour ces préparatifs grotesques et hideux,
Pour cette extravagance étalée à mes yeux,
Mon dégoût est profond et mon horreur est grande.

MÉPHISTOPHÉLÈS

Pur jeu que tout cela! bagatelles, mon cher!
Allons donc! pour si peu vas-tu t'effaroucher?

(Il contraint Faust à entrer dans le cercle.)

Pour que la potion soit utile, efficace,
En digne médecin il faut bien qu'elle fasse
De son hocuspocus la farce auparavant.
C'est un manége auquel recourt plus d'un savant.

LA SORCIÈRE, ouvrant le livre et déclamant avec emphase.

Il faut m'entendre

Et me comprendre !
Avec un, dix tu feras ;
Deux et trois tu laisseras.
Ecoute, écoute,
Et, sans nul doute,
Tu t'enrichis.
Passe quatre, et de cinq et six,
Je te le dis,
Foi de sorcière,
Fais sept et huit :
Tout s'accomplit.
Ainsi finit
Mon ministère.
Et neuf est un,
Et dix aucun.
En cela gît tout le mystère.

FAUST

Cette vieille a la fièvre.

MÉPHISTOPHÉLÈS

Elle n'a pas lu tout ;
Le livre chante ainsi de l'un à l'autre bout ;
J'ai perdu bien du temps à m'en creuser la tête.
La contradiction, alors qu'elle est complète,
Est un mystère égal, hélas ! pour tout cerveau,
Sage ou fou. L'art, mon cher, est ancien et nouveau.
Ce fut dans tous les temps un usage bizarre
De propager l'erreur où le monde s'égare,
En mettant en avant un et trois, trois et un.
D'une foule d'esprit c'est le thème commun ;
On brode sur ce texte, on le commente, on glose,
Et, sans trouble, on apprend cela comme autre chose.
L'homme croit d'ordinaire, et bien mal à propos,
Que toujours une idée existe sous les mots.

LA SORCIÈRE, continuant.

La science profonde
N'est à personne au monde ;
Mais, cependant, je vois
Que sa vive lumière
A qui n'y songe guère
Apparaît quelquefois.

FAUST

Quelles absurdités elle débite là !

Ma tête va se rompre en entendant cela ;
C'est comme un chœur de fous réunis à cent mille.

MÉPHISTOPHÉLÈS

Arrête ! assez ! arrête, excellente sybille !
De ton breuvage emplis la coupe jusqu'au bord ;
Ce suc à mon ami ne peut faire aucun tort :
C'est un digne homme, il a passé par bien des grades,
Dans le cours de sa vie, et bu maintes rasades.

(La sorcière, avec beaucoup de cérémonies, verse l'élixir
dans une coupe. Au moment où Faust porte le breuvage à ses lèvres, une flamme légère s'élève.)

Allons ! courage ! allons ! un peu plus de vigueur !
Cela va promptement te réjouir le cœur.
Quoi donc ! lorsque l'on est au mieux avec le diable,
Peut-on voir dans la flamme un objet redoutable ?

(La sorcière rompt le cercle, Faust en sort.)

MÉPHISTOPHÉLÈS

Partons ! et garde-toi, mon cher, de t'arrêter.

LA SORCIÈRE

Puisse ce petit coup, monsieur, vous profiter !

MÉPHISTOPHÉLÈS, à la sorcière.

Si je peux t'obliger d'une ou d'autre manière,
Tu m'en diras un mot au Walpurgis, sorcière.

LA SORCIÈRE

Tenez : si vous chantez quelquefois ces couplets,
Vous en éprouverez de merveilleux effets.

MÉPHISTOPHÉLÈS, à Faust.

Alerte ! alerte donc ! et laisse-toi conduire.
Il est indispensable, ami, que tu transpire,
Afin que la liqueur du dedans au dehors,
Pour te fortifier pénètre tout ton corps.
Ensuite, par mes soins, tu vas bientôt connaître
Le charme d'une noble et douce oisiveté,
Et dans les vifs transports, l'ivresse de ton être,
Sentir de Cupidon l'ardente activité.

FAUST

Permets qu'en ce miroir, dans un coup d'œil rapide,
Je puisse voir encor cette beauté splendide !

MÉPHISTOPHÉLÈS

Non ! non ! tu vas bientôt contempler, grâce à moi,

Le modèle vivant des femm s devant toi.
    (A part).
Avec cet élixir dans le corps, toute femme
Va te paraître Hélène et captiver ton âme.

——— — ————

UNE RUE

FAUST, MARGUERITE, passant.

FAUST

Ma belle demoiselle, acceptez-vous mon bras,
Et me permettez-vous d'accompagner vos pas?

MARGUERITE

Monsieur, je sais fort bien que je ne suis point belle,
Et je n'ai pas l'honneur d'être une demoiselle ;
Pour marcher, je n'ai pas besoin de compagnon,
Et je puis sans cela rentrer à la maison.
    (Elle se dégage et s'enfuit.)

FAUST

Par le ciel ! cette enfant est vraiment adorable,
Et je n'ai de mes jours rien vu de comparable.
Un maintien si modeste ! un aspect si décent !
Et pourtant, je ne sais aussi quoi d'agaçant !
Quel teint frais et rosé ! que la bouche vermeille !
Jamais je n'oublirai cette jeune merveille.
Ses jolis yeux baissés, sa timide pudeur,
Tout cela fortement s'est gravé dans mon cœur.
Et cette jupe courte !... Ah ! c'est à ravir l'âme !
Que d'attraits réunis dans une seule femme !
    (Méphistophélès qui s'avance).
Il faut me procurer cette charmante enfant.

MÉPHISTOPHÉLÈS

Qui donc ?

FAUST

    Celle qui vient de passer à l'instant.

MÉPHISTOPHÉLÈS

Elle! y songes-tu bien? elle sort de confesse.
Tout près de là j'avais pris place avec adresse;
Du prêtre elle a reçu la bénédiction,
Et de tous ses péchés pleine absolution.
On ne saurait rien voir de plus innocent qu'elle:
Elle se confessait pour une bagatelle.
Pour l'avoir je ferais des efforts impuissants.

FAUST

Et cependant, elle a pour le moins quatorze ans.

MÉPHISTOPHÉLÈS

A ceux de Liederlich tes discours sont semblables:
Il croit pouvoir cueillir toutes les fleurs aimables,
Et le gars s'imagine, en sa fatuité,
Qu'il a droit aux faveurs sans l'avoir mérité;
Mais les choses toujours ne vont pas de la sorte.

FAUST

Monsieur le magister, assez! Je vous exhorte
A me laisser tranquille, et vous déclare net
Que je veux, cette nuit, posséder cet objet;
Sinon, minuit sonnant, je romps avec le diable.

MÉPHISTOPHÉLÈS

Mais demande-moi donc une chose faisable:
Il me faut quinze jours pour guetter seulement
L'occasion propice et saisir le moment.

FAUST

Il ne me faudrait pas sept heures, je le jure,
Pour séduire sans toi la pauvre créature.

MÉPHISTOPHÉLÈS

Eh! vous parlez déjà quasi comme un Français!
Ne vous chagrinez pas, et tenez-vous en paix.
A quoi sert de presser ainsi la jouissance?
Le plaisir est cent fois moins vif que si, d'avance,
Vous même vous paliez, de la tête aux talons,
Votre poupée avec force brimborions,
Comme dans maints récits gaulois on le rapporte.

FAUST

Si j'ai de l'appétit sans tout cela, qu'importe?

MÉPHISTOPHÉLÈS

L'honneur, si vous voulez brusquer, sachez-le bien.

Avec cette enfant-là vous ne gagnerez rien.
De moyens violents il ne faut pas qu'on use,
Quand on peut réussir en employant la ruse.

FAUST

Livre-moi quelque chose au moins de ce trésor ;
Conduis-moi vers la place où cet ange repose !
Donne-moi son fichu, donne-moi plus encor.
Sa jarretière !... enfin, donne-moi quelque chose.

MÉPHISTOPHÉLÈS

Eh bien ! pour vous prouver ma bonne volonté,
Mon désir de vous plaire et de vous être utile,
Et combien je vous plains avec sincérité,
Je vous mène aujourd'hui dans son modeste asile.

FAUST

Je vais donc te revoir, objet de mes désirs,
Et presser dans mes bras cette forme divine !

MÉPHISTOPHÉLÈS

Non : la petite alors sera chez sa voisine ;
Mais tu pourras songer à tes futurs plaisirs
Et t'enivrer de l'air qu'a respiré ta belle.

FAUST

Partons-nous ?

MÉPHISTOPHÉLÈS

Pas encor.

FAUST

Procure-moi pour elle
Quelque joli présent.

(Il s'éloigne.)

MÉPHISTOPHÉLÈS

Un cadeau ! c'est fort bien ;
Il a, pour réussir, trouvé le vrai moyen.
Dans quelque bonne place, et de moi seul connue,
J'ai des trésors : je vais les passer en revue.

(Il s'éloigne.)

LE SOIR

Une petite chambre proprette.

MARGUERITE, tressant ses nattes et les relevant.

Je voudrais pour beaucoup savoir ce qu'il était,
Ce monsieur qui, dehors, ce matin, m'accostait.
Oh! si j'en dois juger d'après sa bonne mine,
C'est un homme du monde et de noble origine.
Indubitablement, s'il n'en était ainsi,
Il se serait montré moins aisé, moins hardi.

(Elle sort.)

MÉPHISTOPHÉLÈS, FAUST.

MÉPHISTOPHÉLÈS

Entrez tout doucement, entrez.

FAUST

Je t'en supplie,

Laisse-moi seul céans.

MÉPHISTOPHÉLÈS furetant.

Ah! je le certifie:

Toute fille n'a pas autant de propreté.

(Il sort.)

FAUST, regardant autour de lui.

Salut, doux crépuscule, incertaine clarté
Qui règnes en ce lieu, dans ce pur sanctuaire!
Saisis, saisis mon cœur, mon âme tout entière,
Douce peine d'amour qui te nourris d'espoir,
Peine qu'en la souffrant on est heureux d'avoir!
Oh! comme tout ici respire le silence
Et le contentement! la joie et l'innocence!
Quelle richesse vraie en cette pauvreté!
En cet étroit cachot que de félicité!

(il se jette dans le fauteuil de cuir auprès du lit).

O toi qui, dans leurs jours de joie et de tristesse,
As reçu les aïeux, vieux fauteuil, reçois-moi!
Que de fois les enfants, bondissant d'allégresse,

Se sont-ils suspendus en cercle autour de toi!
Trône patriarcal! ici même, peut-être,
Ma douce bien aimée au visage enfantin,
Reconnaissante envers le Christ, son divin maître,
De l'aïeul vénéré baisa la pâle main!
Je sens autour de moi, jeune fille accomplie,
Gazouiller ton esprit d'ordre et d'économie,
Cet esprit qui t'instruit si maternellement,
Chaque jour, et t'enseigne à placer sur la table
Un tapis avec soin, à saupoudrer de sable
Sous tes pieds les carreaux de ton appartement.
Douce main dont ici l'empreinte est manifeste,
Tu fais d'une cabane un royaume céleste!
Et là...   (Il soulève un des rideaux du lit.)
          Voluptueux et douloureux transports!
Là je pourrais passer des heures.. O nature!
C'est là que tu berças la tendre créature,
Qu'en des songes légers tu formas son beau corps;
C'est là que, palpitant de chaleur et de vie,
Se gonfla le sein pur de cette ange endormie,
Là que, dans une chaste et sainte activité,
S'acheva ce miroir de la Divinité!

Et toi, qui te conduit, qui t'attire à cette heure?
Pourquoi pénètres-tu dans cette humble demeure?
Dans mon cœur agité quels mouvements confus!
O misérable Faust, je ne te connais plus!

Une vapeur magique en ce lieu m'environne.
Je voulais des plaisirs vifs, prompts comme l'éclair;
Aux rêves amoureux, pourtant, je m'abandonne!
Serions-nous le jouet des caprices de l'air?

Et si, dans ce moment, elle entrait?... Ton audace
Fuirait à son aspect et te ferait défaut.
Oh! le grand homme alors tomberait de son haut,
Et des pieds de son maître il baiserait la trace.
                    MÉPHISTOPHÉLÈS
Je la vois arriver. Eh bien! sommes-nous prêts?
                    FAUST
Oui, sortons à l'instant; je n'y reviens jamais!

MÉPHISTOPHÉLÈS

J'ai pris en quelqu'endroit la petite cassette
Que voici ; mettez-la dans l'armoire, d'abord.
Son poids est assez lourd, et je me trompe fort
Si la tête bientôt n'en tourne à la fillette.
J'ai placé là dedans bien des petits bijoux,
Pour en avoir un autre, et qui sera pour vous.
L'enfant n'est qu'un enfant, et le jeu n'est de même
Qu'un jeu.

FAUST

Faut-il ?... J'éprouve un embarras extrême.

MÉPHISTOPHÉLÈS

De quoi donc ? par hasard voudriez-vous encor
Posséder ce coffret et son petit trésor ?
En ce cas, je conseille à votre convoitise
De ménager ma peine et laisser l'entreprise.
Seriez-vous de ces gens à l'avarice enclins ?
Je m'en gratte le front et m'en lave les mains.

(Il met la cassette dans l'armoire et ferme la serrure).

Alerte ! dépêchez ! décampons tout de suite.
Vous voulez qu'à céder la belle soit réduite,
Et vous restez ici planté, pauvre garçon,
Comme s'il s'agissait de faire une leçon !
Comme si la physique ou la métaphysique,
En personne, attendait la séance publique !
Sortons.   (Ils sortent).

MARGUERITE, une lampe à la main.

L'air est bien lourd ici, bien étouffant !

(Elle ouvre la fenêtre).

Il ne fait pas très-chaud au dehors, cependant.
Qu'ai-je donc ? je me sens la poitrine serrée ;
Je voudrais que déjà ma mère fût rentrée.
Un frisson me parcourt tout le corps... Ah ! Seigneur !
Me laisserai-je ainsi dominer par la peur ?

(Elle se met à chanter en se déshabillant).

> Il était un Roi de Thulé,
> Qui, fidèle toute sa vie,
> Reçut de sa mourante amie
> Une coupe d'or ciselé.

Cette coupe lui resta chère;
Il y buvait dans tout festin :
Et toujours une larme amère
Coulait de ses yeux dans son vin.

Sitôt qu'il vit sa fin prochaine,
Il distribua ses Etats,
Ses trésors, son riche domaine...
Sa coupe, il ne la donna pas.

Bientôt à sa table royale
Il fait asseoir ses nobles Pairs
Du château dans l'antique salle,
Sur le rivage au bord des mers.

Sentant sa chaleur presqu'éteinte,
Une fois encor le roi boit,
Puis il lance la coupe sainte
Dans l'océan qui la reçoit.

L'abîme se ferme sur elle ;
Du vieillard les yeux éperdus
Se couvrent d'un voile, — il chancelle...
Désormais il ne boira plus.

(Elle ouvre l'armoire pour serrer ses vêtements, et
aperçoit la cassette).

Ah! d'où vient ce coffret? l'armoire, j'en suis sûre,
Etait fermée à clef... Quelle étrange aventure!
Que peut-il contenir? c'est un gage apporté,
Sans doute, sur lequel ma mère aura prêté.
Une petite clef s'y trouve suspendue ;
Ouvrons-le. — Dieu du ciel ! en croirai-je ma vue?
Jamais rien de pareil ne s'offrit à mes yeux.
C'est un écrin rempli de joyaux précieux,
Tels qu'une grande dame, aux plus beaux jours de fête,
En ornerait ses mains, sa poitrine et sa tête.
Que cette belle chaîne au cou doit embellir !
A qui donc ce trésor peut-il appartenir?

(Elle se pare et s'approche du miroir).

Si j'avais seulement ces deux boucles d'oreilles!
On est tout autre ainsi ; cela fait des merveilles.
A quoi sert la jeunesse? à quoi sert la beauté?

Les gens en font bien peu de cas, en vérité.
C'est presque par pitié que, parfois, d'une bouche
Sort un froid compliment; c'est l'or seul qui les touche
Car tout dépend de l'or, vers l'or ils courent tous;
L'or est le seul attrait... Hélas! pauvres de nous!

UNE PROMENADE

FAUST, pensif, allant et venant; MÉPHISTOPHÉLÈS
allant à lui.

MÉPHISTOPHÉLÈS

Par l'amour dédaigné! par l'enfer! — Pour maudire,
Ah! que ne sais-je encor quelque chose de pire!

FAUST

Qui t'agite si fort? quel visage effaré!
Pourquoi crier ainsi, comme un désespéré?

MÉPHISTOPHÉLÈS

Ah! je me donnerais à l'instant même au Diable,
Si je n'en étais un.

FAUST

Langage pitoyable!
Ton cerveau, par hasard, serait-il dérangé?
Il te sied bien, vraiment, de faire l'enragé!

MÉPHISTOPHÉLÈS

Pensez donc! pensez donc! cette boîte apportée
Par moi chez Marguerite, elle est escamotée
Par un prêtre! — La mère ayant vu le coffret,
L'examine, et soudain sent un trouble secret.
La vieille a l'odorat très-fin; elle ne cesse
D'avoir le nez fourré dans son livre de messe;
Chaque meuble par elle est tour à tour flairé,
Pour savoir si l'objet est profane ou sacré;
Aussi notre dévote a reconnu bien vite
Que les susdits bijoux sentaient peu l'eau bénite.
« Bien mal acquis, dit-elle alors, ma chère enfant,

« Oppresse toujours l'âme et consume le sang ;
« De tout ceci faisons une offrande à la mère
« De Jésus, et du ciel la manne salutaire
« Réjouira nos cœurs. » — La petite Margot
Fît quelque peu la moue et ne dit pas un mot,
Mais pensa qu'à cheval donné l'on ne doit guère
Regarder à la bouche et se montrer sévère,
Et que, d'ailleurs, celui qui fait un tel présent
Ne saurait jamais être impie, assurément.
La mère fit venir un prêtre ; il eut à peine
Entendu la sottise énorme et surhumaine,
Qu'il en fut enchanté. » C'est bien pensé, cela !
Dit-il ; « celui qui sait renoncer gagnera.
« L'Eglise a l'estomac excellent : des contrées
« Entières ont été par elle dévorées,
« Sans qu'elle ait jamais eu nulle indigestion ;
« Rien n'égale ici-bas sa constitution ;
« Et le bien mal acquis, au monde si contraire,
« Avec facilité l'Eglise le digère. »

FAUST

Tous les Juifs, tous les rois peuvent en faire autant.

MÉPHISTOPHÉLÈS

Le prêtre, là dessus, raffle tout à l'instant,
Bagues, chaînes, colliers, toute la ribambelle,
Comme si ce n'était que pure bagatelle ;
Et, sans remercier plus que s'il emportait
Quelque panier de noix, le cafard leur promet
La joie et le bonheur du ciel ; enfin, il quitte
Le couple édifié, content...

FAUST

Et Marguerite ?

MÉPHISTOPHÉLÈS

Elle est fort agitée et dans un grand émoi,
Ne sait ce qu'elle veut, ne sait ce qu'elle doit,
Et rêve, nuit et jour, à la riche parure
Et surtout à l'auteur du présent, je vous jure.

FAUST

Son trouble douloureux me remplit de chagrin.
Remplace les bijoux par un nouvel écrin ;
Le premier n'était pas déjà si magnifique.

MÉPHISTOPHÉLÈS

Oh! oui! pour monsieur tout est de valeur modique.

FAUST

Fais ce que je te dis; songe à te dépêcher.
A la voisine aussi tâche de t'accrocher;
Sois un diable, et non pas une molle bouillie;
Apporte une parure, et qu'elle soit jolie!

MÉPHISTOPHÉLÈS

Volontiers, j'obéis, ô maître gracieux!

(Faust s'éloigne.)

Un tel fou tirerait, lorsqu'il est amoureux,
La lune et le soleil comme un feu d'artifice,
Si par hasard sa belle en avait le caprice.

LA MAISON DE LA VOISINE

MARTHE, seule.

Mon cher mari (de Dieu qu'il obtienne pardon)
S'est conduit avec moi d'une étrange façon.
Un beau jour à travers le monde il prend sa course
Et me laisse en partant seule ici, sans ressource!
Dieu sait s'il put de moi se plaindre un seul moment,
Et si je ne l'aimais bien véritablement.

(Elle pleure).

Mais il est mort peut-être... O douleur! ô misère!
Encore, si j'avais son extrait mortuaire!

MARGUERITE, entrant.

Dame Marthe!

MARTHE

C'est toi, Margot! approche-toi.

MARGUERITE

Ah! je sens mes genoux près de fléchir sous moi.
Figurez-vous que j'ai trouvé dans mon armoire
Un autre petit coffre, une cassette noire
En ébène, et dedans, des objets merveilleux,
Plus beaux que les premiers. C'est à ravir les yeux!

— 96 —

MARTHE

Enfant, garde-toi bien de le dire à ta mère ;
Au profit de l'Église elle irait s'en défaire.

MARGUERITE

Regardez, regardez ces précieux joyaux !

MARTHE

Heureuse créature! oh! vraiment, ils sont beaux !

MARGUERITE

Et dire qu'il faut bien me garder d'être vue
Avec rien de cela, dans l'église ou la rue !

MARTHE

Visite-moi souvent; tu pourras te parer,
Et devant le miroir en secret t'admirer;
Çà fait toujours plaisir. Puis une circonstance
Se présente,—une fête; à l'oreille d'abord
On se met une perle; une autre fois encor
Un collier; prudemment pas à pas on s'avance.
Ta mère de cela n'aura point connaissance.
D'ailleurs, on lui fera quelqu'histoire.

MARGUERITE

Chez nous

Qui donc a pu porter ces boîtes de bijoux ?
Vraiment, la chose est louche autant que singulière;
Ce n'est pas naturel.

(On frappe).

Dieu! si c'était ma mère!

MARTHE

Non, c'est un étranger, ma belle. — Entrez !

MÉPHISTOPHÉLÈS

Pardon,

Mesdames, si chez vous j'entre ainsi sans façon.

(il s'incline devant Marguerite).

A madame Schwerdtlein un moment je désire
Parler.

MARTHE

C'est moi; veuillez me dire quel objet
Me procure, monsieur, l'honneur?...

MÉPHISTOPHÉLÈS, bas à Marthe.

Je me retire:

De rester plus longtemps je serais indiscret:

Il suffit, maintenant que je connais madame.
Une noble visite à présent vous réclame ;
Je reviendrai tantôt.

MARTHE, haut.

Vois pourtant ce que c'est !
Ce monsieur qui te croit une enfant de famille !

MARGUERITE

Ah ! monsieur, je ne suis rien qu'une pauvre fille,
Et vous êtes trop bon. De tous ces brillants-là
Aucun ne m'appartient.

MÉPHISTOPHÉLÈS

Oh ! ce n'est pas cela !
Je ne remarquais pas seulement la parure,
Mais aussi votre port, votre air, votre tournure,
Cet éclat pénétrant qui brille dans vos yeux ;
Et de pouvoir rester je me sens très-heureux.

MARTHE

Et que m'annoncez-vous, monsieur ? quelle nouvelle ?

MÉPHISTOPHÉLÈS

Je voudrais l'apporter moins triste et moins cruelle ;
Ne me la faites pas expier comme un tort.
Je viens vous annoncer que votre époux est mort.

MARTHE

Il est mort ! je succombe ! ô cher mari ! pauvre âme !

MARGUERITE

Ne vous désolez pas ainsi, ma bonne dame.

MÉPHISTOPHÉLÈS

Ecoutez le récit de son tragique sort.

MARGUERITE

Puissé-je sans amour rester toute ma vie !
Un malheur si cruel me causerait la mort.

MÉPHISTOPHÉLÈS

Le plaisir a sa peine, et la peine est suivie
De plaisir.

MARTHE

Dites-moi comment il s'est éteint.

MÉPHISTOPHÉLÈS

Auprès de saint Antoine, à Padoue, en lieu saint,
Et pour l'éternité, dans la tombe il repose.

6

MARTHE

Ne m'apportez-vous point de sa part quelque chose?

MÉPHISTOPHÉLÈS

Un ordre très-précis : il commande en effet
Qu'à son intention l'on dise trois cents messes;
Du reste, je n'ai pas un sou dans mon gousset
Pour remplir du défunt les volontés expresses.

MARTHE

Quoi! pas une médaille? un simple souvenir?
Ce que chaque ouvrier, pour sa femme ou sa mère,
Si grande que d'ailleurs puisse être sa misère,
Garde au fond de son sac. — de faim dût-il mourir?

MÉPHISTOPHÉLÈS

Madame, cela m'est on ne peut plus pénible;
Mais il ne gaspillait certes pas son argent.
Il s'est bien repenti de ses fautes, vraiment;
Il a gémi surtout de sa détresse horrible.

MARGUERITE

Je lui ferai chanter des *requiem*. Hélas!
Que les hommes sont donc malheureux ici-bas!

MÉPHISTOPHÉLÈS

Vous êtes une aimable enfant, et seriez digne
D'avoir vite un mari.

MARGUERITE

Pas encor maintenant!

MÉPHISTOPHÉLÈS

Si ce n'est un mari, tout au moins un galant;
Posséder un tel bien c'est un bonheur insigne.

MARGUERITE

Non, monsieur, ce n'est pas l'usage du pays.

MÉPHISTOPHÉLÈS

Usage ou non, cela s'arrange tout de même.

MARTHE

Mon mari, disiez-vous... à son heure suprême...

MÉPHISTOPHÉLÈS

Près de son lit de mort, triste, j'étais assis;
C'était presqu'un fumier, de la paille pourrie;
Mais en chrétien, madame, il termina sa vie,
Et, dans son repentir, il trouva qu'il était
Encore mieux traité qu'il ne le méritait.

« Ah! je dois me haïr, dit-il, du fond de l'âme,
« Pour avoir délaissé mon métier et ma femme!
« Ah! puisse-t-elle un jour me pardonner d'avoir
« Si longtemps envers elle oublié mon devoir! »

MARTHE

Le digne homme! depuis longtemps c'est chose faite.

MÉPHISTOPHÉLÈS

« Mais Dieu sait qu'elle en fut plus coupable que moi. »

MARTHE

Oh! pour le coup, cela c'est un mensonge! — Quoi!
Mentir, lorsque la tombe à nous couvrir est prête!

MÉPHISTOPHÉLÈS

Il radotait sans doute à ses derniers instants,
Si je m'y connais bien. — « Je n'avais de bon tems,
« De repos, disait-il. pas même une minute,
« Et contre le besoin j'étais toujours en lutte.
« On voulait des enfants: quand les enfants sont faits,
« Il faut bien les nourrir, en quatre il faut se mettre
« Pour leur donner du pain, du pain sec, à la lettre,
« Et je ne pouvais pas manger le mien en paix. »

MARTHE

A-t-il donc oublié tant d'amour, et la peine
Que j'avais, nuit et jour, le long de la semaine?

MÉPHISTOPHÉLÈS

Non, certe, il y pensait, et du fond de son cœur.
« Quand je partis de Malte, a-t-il dit, pour ma femme
« Et mes pauvres enfants, priant avec ardeur,
« Je vis le ciel propice aux souhaits de mon âme.
« Nous prîmes un vaisseau qui portait un trésor
« Du Grand-Turc: je reçus une part de cet or;
« Elle fut, j'en conviens, largement mesurée. »

MARTHE

Sans doute il doit l'avoir en lieu sûr enterrée.

MÉPHISTOPHÉLÈS

Qui sait ce qu'en ont fait les quatre vents? — Un jour,
Comme il se promenait dans Naples, une belle,
Le rencontrant, pour lui s'éprit d'un vif amour,
Et d'un attachement si tendre et si fidèle
Qu'il s'en est ressenti jusqu'aux derniers instants.

MARTHE

Le pendard! le voleur de ses propres enfants!
Ainsi donc, rien n'a pu, ni besoin, ni misère,
L'empêcher de mener cette vie adultère!

MÉPHISTOPHÉLÈS

Aussi, vous le voyez, le pauvre homme en est mort.
A votre place, moi, du jour de mon veuvage,
Je porterais un an le deuil, suivant l'usage,
Et chercherais au bout quelque nouveau trésor.

MARTHE

Oh! j'ai la certitude entière et bien profonde
De n'en trouver jamais de plus aimable au monde;
Il avait un cœur d'or, s'il était un peu fou.
Seulement, j'en conviens, il avait trop de goût
Pour les vins étrangers, les femmes, les voyages,
Et pour ces dés maudits, qui font tant de ravages.

MÉPHISTOPHÉLÈS

Bon! s'il vous en passait autant de son côté,
Cela pouvait fort bien marcher, en vérité :
A ces conditions, certe, avec vous moi-même
J'échangerais l'anneau.

MARTHE

Je vois que monsieur aime
A plaisanter.

MÉPHISTOPHÉLÈS, à part.

Il faut déguerpir au plus tôt;
Elle pourrait, ma foi, prendre le diable au mot.

(A Marguerite).

Et comment va le cœur, ma belle?

MARGUERITE

Que veut dire
Monsieur?

MÉPHISTOPHÉLÈS, à part.

Bonne, innocente enfant!

(Haut).

Je me retire ;
Mesdames, serviteur.

MARTHE

Ah! deux mots seulement!
Je voudrais, par témoins, savoir quand, où, comment
Est mort mon cher mari. J'ai vu toute ma vie

Combien l'ordre est utile, et j'en suis fort amie.
Dans le Journal-Annonce il conviendrait encor
Qu'on pût lire la date et le lieu de sa mort.

MÉPHISTOPHÉLÈS

Partout la vérité se prouve, chère dame,
Par deux témoins; c'est tout ce que la loi réclame.
J'irai devant le juge avec mon compagnon ;
C'est un très-galant homme; il sera le second.
Je vous l'amènerai.

MARTHE

Fort bien.

MÉPHISTOPHÉLÈS

Mademoiselle
Y sera, je l'espère, et je compte sur elle.
L'ami dont je vous parle a beaucoup voyagé,
Et les dames partout ont de lui bien jugé;
Car il s'est constamment conduit avec décence
Envers elles.

MARGUERITE

Je vais rougir en sa présence.

MÉPHISTOPHÉLÈS

Non, fût-il même un roi.

MARTHE

Nous attendrons ce soir
Ces messieurs au jardin, là derrière. Au revoir.

UNE RUE

FAUST, MÉPHISTOPHÉLÈS.

FAUST

Eh bien! m'annonces-tu que l'affaire chemine?
Avançons-nous?

MÉPHISTOPHÉLÈS

Bravo! vous êtes tout de feu.

6.

La petite Margot sera vôtre sous peu ;
Vous la verrez ce soir chez Marthe sa voisine.
Cette voisine est faite à souhait, cher patron,
Pour être entremetteuse ou bohémienne.

FAUST

Bon !

MÉPHISTOPHÉLÈS

Mais de nous, avant tout, quelque chose on exige.

FAUST

Qui reçoit un service à le payer s'oblige.

MÉPHISTOPHÉLÈS

Nous devrons attester, et juridiquement,
Que le défunt mari de Marthe bien dûment
Repose en terre sainte à Padoue.

FAUST

Ah ! j'enrage !
Il faut donc commencer par faire ce voyage ?

MÉPHISTOPHÉLÈS

Sancta simplicitas ! Il n'est pas question
De cela ; témoignez sans autre instruction.

FAUST

Si tu n'as rien de mieux, le plan manque ; c'est comme
Si tu n'avais rien fait.

MÉPHISTOPHÉLÈS

Admirable !... O saint homme !
Si vous l'étiez du moins ! mais n'avez-vous donc pas
Porté faux témoignage en beaucoup d'autres cas ?
De Dieu, de son essence, et de l'homme et du monde,
De l'esprit et du cœur votre rare faconde,
Imperturbablement, en mainte occasion,
N'a-t-elle pas donné la définition ?
Vous affirmiez avec une assurance extrême,
Cependant, s'il vous plaît, descendez en vous-même,
Et voyez si cela pour vous était certain
Plus que ne l'est la mort de ce pauvre Schwerdtlein.

FAUST

Va, tu n'es qu'un menteur, un sophiste sans honte.

MÉPHISTOPHÉLÈS

Oui, si l'on n'en savait plus long sur votre compte.

N'irez-vous pas demain, en tout bien, tout honneur,
Séduire cette enfant, cette pauvre petite?
N'allez-vous pas jurer amour à Marguerite?

FAUST

Je le ferai sans doute, et du fond de mon cœur.

MÉPHISTOPHÉLÈS

Et puis vous parlerez d'éternelle constance,
De penchant violent, irrésistible, immense.
Cela partira-t-il aussi du fond du cœur?

FAUST

Assez! — Cela sera. Lorsque pour mon ardeur
Je cherche vainement des paroles de flamme,
Et qu'à travers le monde alors jetant mon âme,
Je saisis de ces mots, de ces expressions
Dont les vives couleurs peignent les passions,
Et nomme cette ardeur éternelle, infinie,
Est-ce un lâche mensonge, est-ce une tromperie?

MÉPHISTOPHÉLÈS

Et j'ai raison pourtant.

FAUST

    Tu cherches des raisons.
Ecoute, prends-y garde, épargne mes poumons.
A raison qui le veut, s'il a seul la parole.
Je hais tout bavardage et tout discours frivole.
Garde ton sentiment; pour te prouver le cas
Que j'en fais, brisons là: je ne répondrai pas.

UN JARDIN

MARGUERITE, au bras de FAUST; MARTHE et MÉPHISTO-
PHÉLÈS, se promenant de long en large.

MARGUERITE

La bonté de monsieur nullement ne m'abuse;
Il descend jusqu'à moi pour me rendre confuse.

Les voyageurs toujours prennent en bonne part
Ce que sur leur chemin leur offre le hasard.
Avec une grisette à l'entretien vulgaire
Un homme si savant ne saurait se complaire.

FAUST

De l'univers entier la sagesse pour moi
Ne vaut pas un seul mot, un seul regard de toi.

(Il lui baise la main.)

MARGUERITE

Ne faites pas cela ! ma main est si grossière,
Si vilaine et si rude ! — Il faut bien tous les jours
Travailler au ménage et nettoyer ; ma mère
L'exige.

(Ils passent.)

MARTHE à Méphistophélès.

Ainsi, monsieur, vous voyagez toujours?

MÉPHISTOPHÉLÈS

Les devoirs du métier nous font nos destinées.
Hélas! il est des lieux qu'on ne saurait quitter
Sans regrets, et pourtant on n'y peut pas rester.

MARTHE

Il peut bien convenir, dans les jeunes années,
De parcourir ainsi le monde librement ;
Mais le déclin survient, il arrive un moment
Où marcher au tombeau, seul, en célibataire,
Est un sort que sans crainte on n'envisage guère.

MÉPHISTOPHÉLÈS

Je l'entrevois déjà de loin avec terreur.

MARTHE

Songez à l'éviter à temps, digne seigneur.

(Ils passent.)

MARGUERITE

Loin des yeux, loin du cœur ! répète-t-on sans cesse.
Vous êtes indulgent et plein de politesse ;
Mais, monsieur, vous avez un grand nombre d'amis,
Et plus intelligents, certes, que je ne suis.

FAUST

Ma chère ce qu'on nomme esprit, intelligence,
Qu'est-ce le plus souvent? sottise et vanité.

MARGUERITE

Comment cela?

FAUST

Faut-il que la simplicité,
Que l'innocence, hélas! jamais n'aient conscience
De leur sainte valeur et de leur dignité?
Faut-il qu'un sort modeste, une existence obscure,
Dons les plus précieux que fasse la nature....

MARGUERITE

Pensez donc un moment à moi; j'aurai le temps,
Moi, de songer à vous, presqu'à tous les instants.

FAUST

Vous êtes souvent seule?

MARGUERITE

Oh! oui: notre ménage
Est bien petit; encor donne-t-il de l'ouvrage.
N'ayant point de servante, à tout il faut pourvoir,
Balayer, tricoter, courir matin et soir,
A ranger se montrer soigneuse.
Ma mère en toute chose est si minutieuse!
Non pas, assurément, qu'elle ne puisse bien
Vivre un peu plus au large: elle en a le moyen,
Et d'en prendre à notre aise il nous serait facile;
Car mon père en mourant nous laissa quelque bien,
Avec une maison aux portes de la ville,
Et son petit jardin. Ma vie est plus tranquille.
Néanmoins, aujourd'hui que mon frère est soldat,
Et que ma jeune sœur est morte, pauvre fille!
Je l'aimais tendrement : elle était si gentille !

FAUST

Un doux ange, pour peu qu'elle te ressemblât!

MARGUERITE

Elle m'aimait aussi d'affection sincère.
Elle naquit après le décès de mon père,
Et ma mère souffrante alors était si bas
Que l'on n'espérait pas la sauver du trépas.
Elle eut beaucoup, beaucoup de peine à se remettre.
Or, sa faible santé ne pouvant lui permettre
De nourrir de son sein le pauvre vermisseau,
C'est moi qui lui donnais du lait avec de l'eau;

Et je voyais grandir la frêle créature,
Souriant dans mes bras.

FAUST

Quelle volupté pure
N'as-tu pas dû sentir alors !

MARGUERITE

Assurément.
Toutefois j'eus aussi plus d'un fâcheux moment.
Près de mon lit j'avais son berceau : la petite
Criait souvent, et moi je me réveillais vite
Pour lui donner à boire, ou bien pour la placer
A mes côtés, ou bien pour la faire danser
Sur mes bras, dans la chambre en tous sens parcourue ;
Ce qui n'empêchait pas que, l'aurore venue,
Aux besoins du foyer je ne dusse pourvoir,
Et courir au marché, puis après au lavoir,
Demain comme aujourd'hui. Dame ! avec cette vie
On n'a pas constamment l'âme bien réjouie ;
Mais on en goûte mieux son repas, son repos,
Lorsqu'on a vaillamment achevé ses travaux.

(Ils passent.)

MARTHE

Pauvres femmes ! vraiment c'est une rude affaire
Que la conversion d'un vieux célibataire.

MÉPHISTOPHÉLÈS

Ma foi, je n'en vois guère, il le faut avouer.
Qu'une semblable à vous ne puisse amadouer.

MARTHE

Dites-moi franchement : par un sentiment tendre
Votre cœur ne s'est-il nulle part laissé prendre?

MÉPHISTOPHÉLÈS

Le proverbe le dit : bonne femme, et maison
A soi, sont un trésor qui n'a pas de second.

MARTHE

J'entends... si vous n'avez jamais eu quelque envie?...

MÉPHISTOPHÉLÈS

On m'a reçu partout d'une façon polie.

MARTHE

Je veux dire... l'amour... l'avez-vous éprouvé?

MÉPHISTOPHÉLÉS

On doit avec le sexe être fort réservé.

MARTHE

Vous ne comprenez pas.

MÉPHISTOPHÉLÉS

   Cela ne fait grand'peine ;
Je devine pourtant — que vous êtes humaine.

      (Ils passent.)

FAUST

A mon entrée ici tu m'as donc reconnu ?

MARGUERITE

Oui ; je baissai les yeux ; ne l'avez-vous pas vu ?

FAUST

Et tu m'as pardonné cette liberté prise
Par moi de t'aborder au sortir de l'église ?

MARGUERITE

Je me sentais l'esprit troublé, car jamais rien
De pareil ne m'était arrivé, croyez bien,
Et personne sur moi n'avait de mal à dire.
Ah ! pensais-je, il aura trouvé dans mon maintien,
Mon allure trop peu de réserve, et cru lire
Dans mon air trop hardi, peut-être, qu'il pouvait
Sans inconvénient faire ce qu'il a fait.
Pourtant, je l'avouerai, je sentais quelque chose
Qui me parlait pour vous, et je m'en voulais fort
De ne vous point garder rancune de ce tort.

FAUST

Cher ange ! quel plaisir ce doux aveu me cause ! —
Que ramasses-tu là ?

MARGUERITE

   Laissez-moi faire un peu....

FAUST

Quoi donc ? est-ce un bouquet ?

MARGUERITE

     Non, c'est un simple jeu.

FAUST

Quoi ?

MARGUERITE

  Vous vous moquerez de moi, j'en suis bien sûre.

(Elle effeuille une marguerite en murmurant quelques paroles.)

FAUST

Quels sons mystérieux murmures-tu si bas?

MARGUERITE

Il m'aime — un peu — beaucoup — passionnément — pas!
Il m'aime — un peu — beaucoup!

(Elle arrache la dernière feuille avec une naïve joie).

FAUST

Divine créature!
Cette fleur par ta bouche a dit la vérité;
C'est l'oracle certain de la Divinité.
Il t'aime! — comprends-tu ce que ce mot: « Il t'aime »
Renferme de bonheur, de volupté suprême?

(Il lui prend les mains).

MARGUERITE

Je tressaille.

FAUST

Oh! ne tremble pas,
Idole de mon cœur! et bannis toute crainte;
Que ce regard, que cette étreinte
Te disent ce qui n'a pas de nom ici-bas.
Se donner sans réserve, et sentir des délices
Dont la fin ne doit point se voir!
Car leur fin, ce serait le plus grand des supplices;
Ce serait l'affreux désespoir!

(Marguerite lui serre la main, se dégage et s'échappe.
Il reste un instant pensif, puis s'élance sur sa trace.)

MARTHE

Voici la nuit qui vient: il est tard,

MÉPHISTOPHÉLÈS

C'est-à-dire
Qu'il faut nous retirer?

MARTHE

Je voudrais plus longtemps
Vous retenir ici; mais on aime à médire
Dans ce petit endroit, et l'on a sur les gens
Toujours l'œil aux aguets pour suivre leurs allures,
Il est bon de ne point s'exposer aux piqûres.
— Et notre couple?

MÉPHISTOPHÉLÈS

Ils sont envolés tout là bas,

Les joyeux papillons!

MARTHE
Elle ne déplaît pas,
Je crois, à ce monsieur.

MÉPHISTOPHÉLÈS
Il semble aussi lui plaire.
Du monde où nous vivons c'est le train ordinaire.

UNE MAISONNETTE DANS LE JARDIN

(Marguerite y saute, se blottit derrière la porte, et, le bout des
doigts sur les lèvres, regarde par la fente.)

MARGUERITE
Il vient!

FAUST, entrant.
Ah! la friponne! ah! tu veux m'agacer?
Je te tiens cette fois, et je vais t'embrasser.

MARGUERITE, lui rendant le baiser.
O le plus excellent des hommes!... je t'adore!
(Mephistophelés heurte à la porte.)

FAUST
Qui frappe?

MÉPHISTOPHÉLÈS
Ami.

FAUST
C'est toi, détestable pécore!
Que viens-tu faire ici?

MÉPHISTOPHÉLÈS
Je viens vous avertir
Que, la nuit s'approchant, il est temps de partir.

MARTHE
Oui, monsieur, il est temps, et je crains, à cette heure...

FAUST, à Marguerite.
Vous puis-je accompagner jusqu'à votre demeure?

7

MARGUERITE

Non, ma mère pourrait... Adieu, monsieur.

FAUST

Bonsoir.

Faut-il donc vous quitter?

MARGUERITE

A bientôt, au revoir!

(Faust et Mephistophélés sortent.)

MARGUERITE, seule.

De moi que doit penser, hélas! un pareil homme?
Lorsqu'il parle, je suis toute je ne sais comme :
Je me sens si confuse et si pauvre d'esprit
Que par *oui* je réponds à tout ce qu'il me dit.
Je ne suis qu'une fille ignorante et vulgaire,
Et je ne comprends pas comment j'ai pu lui plaire.

FORÊT ET CAVERNES

FAUST, seul,

Ce que je demandais, tout ce que j'ai voulu,
Sublime esprit, de toi je l'ai donc obtenu!
Et ce n'est pas en vain que dans la flamme **ardente**
Ta face m'a montré sa lueur éclatante.
Oui, grâce à ta faveur, la nature est à moi;
Je la sens, j'en jouis, je la possède en roi!
Tu ne m'as pas permis seulement avec elle
Une admiration froidement solennelle;
Mais dans son sein profond mon regard peut **aussi**
Plonger comme on le fait dans le sein d'un **ami**.
Dans cette immensité qui devient mon domaine
Des vivants sous mes yeux tu fais passer la **chaîne**,
Et, plein d'émotion, de tendresse, je vois
Mes frères dans les eaux, dans l'air et dans **les bois.**
Sous le ciel nuageux, au-dessus de ma tête,
Lorsque gronde, mugit, éclate la tempête,

Des gigantesques pins secouant les rameaux ;
Lorsque leur chute au loin fait tonner les échos,
Des rochers caverneux sous la voûte tranquille
Tu me conduis alors, et dans ce sûr asile
Tu sais me dévoiler jusqu'en leur profondeur
Les merveilleux secrets que recèle mon cœur.
La lune, à l'horizon montant sereine et pure,
De son plus doux regard caresse la nature ;
Et, des monts d'alentour, des humides buissons,
Les ombres du passé glissent sous ses rayons,
Et viennent tempérer par leurs danses légères,
O méditation ! tes voluptés austères.
Ah ! je sens maintenant que l'homme ne saurait
Embrasser, posséder jamais rien de parfait.
Avec ces voluptés, avec ces jouissances
Qui m'approchent toujours des célestes puissances,
Tu m'as aussi donné ce compagnon fâcheux
Qui déjà malgré moi me devient nécessaire,
Bien qu'il mette d'un mot tes présents en poussière
Et que son ton hautain m'humilie à mes yeux.
Avec un soin constant dans mon cœur il allume
Cette sauvage ardeur qui toujours me consume.
Je désire... je cours, j'ai hâte de jouir ;
Je jouis... et regrette aussitôt le désir !

MÉPHISTOPHÉLÈS, survenant.

Ne vous lassez-vous pas de mener cette vie ?
Je comprends qu'une fois on s'en passe l'envie,
Que cela pour un temps ait pu vous sembler beau ;
Mais il faut, à la fin, essayer du nouveau.

FAUST

Je voudrais bien te voir occupé d'autre chose
Qu'à troubler et noircir mes jours couleur de rose.

MÉPHISTOPHÉLÈS

Tu veux que je te laisse en repos, mon garçon !
Tu n'oserais, je crois, le dire tout de bon.
Je perdrais peu vraiment avec un camarade
Si déplaisant, si fou, si hargneux, si maussade.
On se présente à lui les mains pleines, pour voir
Ce qui peut l'agréer ; mais comment le savoir ?
Pas un signe !

FAUST

Voilà ses façons! Il m'ennuie,
Et cependant il veut que je le remercie!

MÉPHISTOPHÉLÈS

Pauvre enfant de la terre, eh! comment aurais-tu
Sans moi passé tes jours? Mon effort assidu
T'a guéri pour longtemps de cette maladie
Aux transports insensés, qu'on nomme fantaisie;
Et sans moi tu serais, ô cerveau détraqué,
Sorti, perdu bien loin du globe terraqué.
Qu'as-tu donc pour passer ainsi ton existence?
Viens-tu dans ces déserts pour faire pénitence?
Te sied-il de rester, comme un triste hibou,
Au milieu des rochers confiné dans un trou,
Et semblable au crapaud, de chercher ta pâture
Sur la pierre mouillée et sur la mousse impure?
Gracieux passe-temps! ineffable bonheur!..
Tu respires toujours sous la peau du docteur.

FAUST

Ah! si tu comprenais quelle source de vie
Renferment ces hauteurs, cette nature amie,
Tu serais assez diable alors pour m'empêcher
De goûter le bonheur que je viens y chercher.

MÉPHISTOPHÉLÈS

Plaisir surnaturel! sur la montagne humide
S'étendre dans la nuit; de son regard avide
Embrasser terre et ciel; croire l'humanité
Élevée au niveau de la Divinité;
Fouiller par la pensée au centre de la terre;
Des six jours en son sein contenir l'œuvre entière;
S'enivrer je ne sais de quel fier sentiment;
Dépouiller l'homme enfin; voluptueusement
Se mêler au grand Tout; puis tout cette extase
Par... La chose vraiment exige qu'on la gaze.

(Il fait un geste.)

FAUST

Fi de toi! fi!

MÉPHISTOPHÉLÈS

Cela ne vous plaît pas ainsi,
Et vous avez, ma foi, le droit de dire fi!

On ne peut faire entendre à de chastes oreilles
Ce dont les chastes cœurs ne sauraient se passer.
Ah! tu veux te mentir à toi-même! à merveilles!
Je t'avertis pourtant que cela doit cesser;
Car si tu retombais dans ta mélancolie,
Tu ne tarderais pas à sentir de nouveau
Le chagrin, la terreur, l'angoisse... et la folie
Bientôt se logerait dans ton faible cerveau.
Mais suffit! — Dans la ville, ici près, ta maitresse
Est depuis ton départ en proie à la tristesse;
Tout la chagrine, rien ne saurait la calmer;
Elle épuise sur toi sa puissance d'aimer.
Comme un ruisseau gonflé par un subit orage,
Naguère débordait ton amoureuse rage;
Et ce torrent, tu l'as dans son cœur épanché.
Après tant de fracas, le voilà desséché!
Au sein des bois au lieu de trôner dans sa gloire
Et sa solennité, si monsieur veut m'en croire,
Il ira consoler la triste et pauvre enfant
Qui lui voue un amour si tendre et si touchant.
Le temps est long pour elle; à sa fenêtre assise,
    Promenant au loin ses regards,
    Elle voit, poussés par la brise,
Les nuages flotter au-dessus des remparts.
« Si j'étais un petit oiseau!.. » dit la pauvrette.
Le long de la journée et la moitié des nuits,
Voilà ce que sans cesse elle chante et répète.
Tantôt gaie, et tantôt livrée à ses ennuis,
Elle pleure ou s'apaise, et n'est jamais la même,
Un seul point excepté: c'est que toujours elle aime.

           FAUST

Serpent! serpent!

        MÉPHISTOPHÉLÈS, à part.

      Fort bien; pourvu, pauvre niais,
Que je t'enlace.

           FAUST

      Fuis loin de moi, misérable!
Garde-toi de nommer cette femme adorable;
A mes sens égarés ne présente jamais
L'image de ce corps aux suaves attraits.

MÉPHISTOPHÉLÈS

Qu'en arriverait-il? elle a dans la pensée,
Et non pas sans motif, — que tu l'as délaissée.

FAUST

Non, je suis auprès d'elle, et, fussé-je plus loin,
Je ne puis l'oublier, je ne la perdrais point.
Oui, j'envie au Seigneur le contact de sa bouche,
Lorsqu'un corps vénéré sa douce lèvre touche.

MÉPHISTOPHÉLÈS

Quant à moi, je vous ai bien souvent envié
Ce couple de jumeaux paissant parmi les roses.

FAUST

Va-t-en, entremetteur!

MÉPHISTOPHÉLÈS

Je suis injurié.

Mais j'en dois rire: on rit toujours de telles choses,
Car le Dieu qui créa la fille et le garçon
Honore cette utile et noble mission.
Allons, le grand malheur! il ne s'agit, mon maître,
Que d'entrer dans la chambre où dorment tant d'appas;
Il s'agit de plaisir, et non de mort, peut-être!

FAUST

Qu'importent les plaisirs du ciel entre ses bras?
J'aurai beau reposer sur sa poitrine chère,
En sentirai-je moins sa poignante misère?
Et ne serai-je plus ce monstre, ce damné
Sans but et sans repos, à l'exil condamné,
Qui, semblable au torrent tombant des hautes cimes,
Dans ses bonds furieux aspirait aux abîmes?
Et là, tout à côté, sous un champêtre abri,
Dans le calme des sens cet enfant endormi,
A son ménage étroit bornant son petit monde,
Et passant tous ses jours dans une paix profonde.
Pour moi, maudit de Dieu, n'était-ce pas assez
De briser en éclats les rochers fracassés?
Devais-je, hélas! détruire encor sa pure joie?
Enfer! il te fallait cette innocente proie!
Viens, démon, de l'angoisse abrége-moi le temps;
Que ce qui doit un jour s'accomplir s'accomplisse;
Que son destin sur moi s'écroule en peu d'instants.

Qu'avec moi je l'entraîne au fond du précipice!

MÉPHISTOPHÉLÈS

Comme ça recommence à chauffer, à bouillir!
Va pour la consoler te montrer à sa vue.
Quand ton pauvre cerveau ne trouve point d'issue,
Tu crois trop aisément qu'on ne saurait sortir.
Vive le brave! Il faut avoir du caractère.
Tu me parais déjà pas trop mal endiablé;
Et dans le monde rien jamais ne m'a semblé
Plus absurde qu'un diable, alors qu'il désespère.

LA CHAMBRE DE MARGUERITE

MARGUERITE, au rouet, seule.

Mon âme est oppressée;
Adieu ma douce paix;
Félicité passée,
Je te perds à jamais.

Ah! loin de sa présence
Rien ne me paraît beau;
Et pour moi son absence
Est la nuit du tombeau.

Hélas! ma pauvre tête
Se trouble, il y fait nuit;
Mon esprit s'inquiète
Et ma raison s'enfuit.

Mon âme est oppressée, etc.

Je reste à ma fenêtre,
Les yeux vers l'horizon;
Je crois le voir paraître,
Et sors de la maison.

O grand air que j'admire!
Port noble et gracieux!
Délicieux sourire!
Puissance de ses yeux!

Parole enchanteresse
Dont je me sens bercer!
Douce main qui caresse!
Ineffable baiser!

Mon âme est oppressée, etc.

Mon cœur qui bat sans cesse,
Vers lui prêt à bondir,
A force de tendresse
Voudrait le retenir.

Qu'en mes bras je l'enlace
Au gré de mon désir,
Dussé-je sur la place
De ses baisers mourir!

LE JARDIN DE MARTHE

MARGUERITE, FAUST.

MARGUERITE

Henri, promets-moi...

FAUST

Tout ce qui dépend de moi.

MARGUERITE

Sur la religion, dis : quelle est ta croyance?
De ton cœur, mon ami, je connais l'excellence;
Mais, je le crains hélas! tu pèches par la foi.

FAUST

Laissons cela! Jouis de ma tendresse extrême,
Enfant; je donnerais mon sang pour ce que j'aime,
Et je laisse chacun libre en son sentiment.

MARGUERITE

Il faut croire soi-même et croire fermement.

FAUST

Le faut-il?

MARGUERITE

Si sur toi j'avais quelque influence!
Dans les saints sacrements tu n'as point confiance.

FAUST

Je les respecte.

MARGUERITE

Mais sans les désirer; non:
Tu négliges la messe et la confession.
Ne crois-tu pas en Dieu?

FAUST

Qui donc, ô douce amie,
Oserait prononcer ces mots: Je crois en Dieu!
Interroge le prêtre et le sage en tout lieu;
Ils répondront toujours par une raillerie
A cette question.

MARGUERITE

Ainsi, tu ne crois point?

FAUST

Oh! ne te méprends pas, chère enfant, sur ce point.
Quel homme, en le nommant, franchement pourrait dire:
« Je crois en lui? » — Qui peut dire: « Je n'y crois pas, »
Parmi tout ce qui sent et tout ce qui respire?
Lui qui, présent partout,
Contient tout, soutient tout,
Ne nous soutient-il pas par sa force suprême?
Ne nous contient-il pas toi, moi, comme lui-même?
Tu le vois dans le ciel qui se voûte sur nous,
Dans notre ferme et large terre,
Dans l'étoile qui monte, et, suivant sa carrière,
Nous envoie un regard si doux.
Quand mon œil dans ton œil se plonge avec ivresse,
Comme soudainement tout afflue et se presse
Dans ton brûlant cerveau, dans ton cœur agité!
Qu'est-ce donc que cela? — Profonde obscurité!
Invisible ou visible, autour de toi, ma chère,
Tout ce qui s'accomplit n'est-il pas un mystère?
Remplis-en donc ton âme, et quand dans le milieu
De ce vaste accès qui partout se déploie,
Tu sentiras au comble ou l'extase ou la joie,
Nomme ce sentiment bonheur, amour ou Dieu!
Pour moi, c'est là chose innommée:
Le sentiment seul est réel;
Le nom, c'est l'épaisse fumée
Qui nous voile l'éclat du ciel.

7.

MARGUERITE

C'est bel et bon ; cela ressemble assez, peut-être,
Sauf quelques mots pourtant, à ce que dit le prêtre.

FAUST

Dans tous les temps, dans tous les lieux
Qu'éclaire du soleil le flambeau radieux,
Chacun le dit en son langage.
Du mien ne m'est-il pas permis de faire usage?

MARGUERITE

Sous cet aspect cela peut paraître assez bien,
Un peu louche pourtant, car tu n'es pas chrétien.

FAUST

Enfant!

MARGUERITE

Je n'aime pas pour toi la compagnie
Dans laquelle tu vis.

FAUST

Qui donc, ma douce amie?

MARGUERITE

Cet homme qui partout sans cesse est avec toi,
Je le hais ; il me cause un indicible effroi.
Non, rien ne m'a jamais déplu, je te le jure,
Autant que cette sombre et méchante figure.

FAUST

Ne crains rien.

MARGUERITE

Son aspect seul me tourne le sang ;
Et cependant pour tous j'ai le cœur bienveillant.
Autant j'ai de plaisir en voyant ton visage,
Autant me fait horreur ce triste personnage.
D'être un fieffé coquin je le soupçonne fort.
Si je le juge mal, Dieu pardonne ce tort!

FAUST

On rencontre parfois de ces oiseaux, ma chère.

MARGUERITE

Vivre avec un pareil ne me conviendrait guère.
Lorsqu'il entre, il a l'air toujours moitié fâché,
Moitié railleur; de rien il ne paraît touché,
Il ne prend part à rien; et sur sa face immonde
On lit qu'il ne saurait aimer personne au monde.

Dans tes bras je ne sens que joie et que bonheur ;
Mais sa présence à lui me comprime le cœur.

FAUST

Tous ces pressentiments sont vains, pauvre cher ange.

MARGUERITE

Je l'éprouve à tel point, ce sentiment étrange,
Qu'aussitôt que j'entends s'approcher cet intrus,
Je crois, en vérité, que je ne t'aime plus.
Prier Dieu devant lui me devient impossible ;
Je sens peser sur moi quelque chose d'horrible.
Cette angoisse, ô Henri, tu dois la ressentir.

FAUST

C'est de l'antipathie.

MARGUERITE

Il est temps de partir.

FAUST

Ne pourrai-je jamais presser, ô ma divine,
Une heure seulement, ton sein sur ma poitrine ;
Dans ton âme verser mon âme avec ardeur ;
Sentir le battement de ton cœur sur mon cœur ?

MARGUERITE

Ah ! si je dormais seule au moins ! cette nuit même
Ma porte s'ouvrirait, certe, à celui que j'aime ;
Mais ma mère pourrait nous entendre ; elle dort
D'un sommeil si léger ! — Dieu ! ce serait ma mort.

FAUST

Cher ange, sois sans crainte, et verse pour ta mère
De ce petit flacon trois gouttes dans son verre ;
Sans inconvénient ces gouttes suffiront
Pour la plonger bientôt en un sommeil profond.

MARGUERITE

Que ne ferais-je point, mon ami, pour te plaire !
Il n'en peut résulter aucun mal, je l'espère ?

FAUST

Te le conseillerais-je ?

MARGUERITE

Hélas ! quand je te voi,
Je ne sais quoi me force à vouloir comme toi ;
Et j'ai déjà tant fait pour t'agréer, que j'ose
Assurer qu'il me reste à faire peu de chose.

(Elle s'en va).

MÉPHISTOPHÉLÈS, survenant.

La brebis est partie?

FAUST

Encore en ce moment

Viens-tu d'espionner?

MÉPHISTOPHÉLÈS

Non ; mais exactement

J'ai tout saisi. Monsieur le docteur, la petite

Vous a catéchisé ; — que cela vous profite !

Les filles ont toujours trouvé leur intérêt

A ce qu'on soit pieux, simple, à la vieille mode,

Et disent: « A cela si l'homme se soumet,

A manier, pour nous, il sera plus commode. »

FAUST

Monstre! tu ne vois pas et tu ne peux pas voir

Que cette âme pieuse, innocente et fidèle,

Qui dans sa foi met son espoir

Et n'est heureuse que par elle,

Frémit, quand elle songe en son cœur éperdu

Que l'amant qu'elle adore est peut-être perdu !

MÉPHISTOPHÉLÈS

Amoureux insensé dont une enfant se joue!

FAUST

O grotesque avorton de feu mêlé de boue!

MÉPHISTOPHÉLÈS

Sur la physionomie elle est forte, ma foi !

En ma présence elle est toute je ne sais quoi;

Mon masque lui révèle un esprit redoutable,

Un génie à coup sûr... peut-être bien le diable!

— Et cette nuit?...

FAUST

Cela ne te regarde en rien.

MÉPHISTOPHÉLÈS

Hé! vous oubliez donc la part qui m'en revient?

A LA FONTAINE

MARGUERITE et LISETTE, portant des cruches.

LISETTE

De Barbe tu connais sans doute l'aventure ?

MARGUERITE

Non, je vois peu de monde.

LISETTE

Eh bien... — la chose est sûre.
Car Sybille me l'a racontée aujourd'hui,
Et déjà le public, dit-elle, en est instruit. —
Croyez donc aux grands airs !

MARGUERITE

Comment ?

LISETTE

C'est une fange !
Elle mange pour deux chaque fois qu'elle mange.

MARGUERITE

Ah !

LISETTE

Du reste elle n'a que ce qu'elle a cherché.
Elle aimait fort ce drôle et ne l'a point caché :
Sans cesse on la voyait à son bras suspendue ;
Elle voulait toujours la première être vue
Aux fêtes de village, à tous les bals, enfin
Partout ; il lui donnait des gâteaux et du vin.
Elle se croyait belle entre les plus jolies !
Du galant, sans rougir, acceptant les présents,
Elle se laissa prendre à ses cajoleries,
Et si bien, que sa sœur aujourd'hui court les champs.

MARGUERITE

Pauvre fille !

LISETTE

Plains-la ! Sous l'œil de notre mère,
Quand dans la chambre, en haut, nous étions à filer,
Elle ne voulait pas, tu le sais bien, ma chère,
Jusqu'en bas seulement nous permettre d'aller.

Barbe seule pouvait se conduire à sa guise,
Et tantôt à sa porte elle restait assise
Sur son banc, et tantôt allait se promenant
Dans les sentiers obscurs au bras de son galant.
Pour le couple amoureux les heures passaient vite,
Elle n'a maintenant, honteuse et déconfite,
Qu'à se mettre un cilice avec la corde au cou.

MARGUERITE

Sans doute il la prendra pour femme.

LISETTE

Pas si fou!

Laissant à ses regrets la belle désolée,
L'oiseau veut changer d'air; il a pris sa volée!

MARGUERITE

Ce n'est pas bien.

LISETTE

Quand même elle rattraperait
Le fugitif, de rien cela ne servirait:
Par les garçons bientôt sa couronne arrachée
Ignominieusement tomberait de son front,
Et nous irions semer de la paille hachée
Au seuil de son logis pour compléter l'affront.

(Elle s'éloigne).

MARGUERITE, retournant chez elle.

Quand je voyais faillir de pauvres créatures,
Ai-je pu les blâmer en paroles si dures?
Pour les péchés d'autrui de ma langue jamais
Je ne pouvais assez envenimer les traits.
Quelque noire que fût la chose en elle-même,
Moi, je la noircissais; d'une implacable voix
Sur ces égarements je criais anathème;
Je faisais sur mon front de longs signes de croix.
Et maintenant, je suis pécheresse et coupable!
Mais tout ce qui creuse l'... je me vois,
Dieu! que c'était cher ami! Dieu! que c'était aimable!

REMPARTS

Dans un creux de la muraille une pieuse image de la *Mater Dolorosa*; des fleurs devant.

MARGUERITE, mettant des fleurs nouvelles dans les pots.

Mère divine,
O mère de douleurs!
Incline, incline
Tes yeux sur mes malheurs.

Un fer dans la poitrine,
En proie à ton chagrin,
Tu vois sur la colline
Mourir ton fils divin.

Vers le céleste père
Ton regard dirigé
Demande, ô triste mère,
Que de l'épreuve amère
Le temps soit abrégé.

O vierge que j'adore,
Je t'invoque, et j'implore
Aujourd'hui tes bienfaits!
Pourquoi mon cœur soupire,
Ce qu'il craint et désire,
Toi seule tu le sais.

En quelque lieu que je dirige
Mes pas chancelants, tout m'afflige,
Tout pèse à mon cœur oppressé ;
Soit dehors, soit dans ma demeure,
Je gémis, je pleure, je pleure,
Et sens mon pauvre cœur brisé.

Sur les vases de ma fenêtre,
En les arrosant de mes pleurs,
Dès que j'ai vu le jour paraître,
J'ai cueilli pour toi quelques fleurs.
J'étais debout dans ma chambrette
Aux premiers rayons du soleil ;
Car, cette nuit, le doux sommeil
A fui ma paupière inquiète.

De la mort, du déshonneur
Sauve-moi, vierge divine;
Mère de douleurs, incline
Tes regards sur mon malheur.

NUIT

Une rue devant la porte de Marguerite.

VALENTIN

Quand j'assistais à l'un de ces repas
Où volontiers chacun s'en fait accroire,
Mes compagnons vantaient avec fracas
De leurs beautés les attraits et la gloire.
L'éloge fait, et les verres remplis,
En les choquant, on buvait des rasades :
Moi, je restais tranquillement assis,
Et souriais de ces fanfaronnades.
Puis, me frottant la barbe de la main,
Je leur disais, levant mon verre plein :
« Chacun son goût; c'est de toute justice;
« Mais en est-il un parmi vous qui puisse
« A Marguerite, à ma petite sœur,
   La opposer une de sa valeur? »
Toc! top! kling! kling! résonnaient à la ronde;
Les uns criaient : « Il a raison vraiment.
C'est du pays la perle et l'ornement. »
Et les vantards d'enrayer leur faconde.
Mais à présent! — Ah! c'est à s'arracher
Barbe et cheveux, et contre la muraille
A se broyer la tête! — Une canaille,
Un malotru pourra me décocher
D'impurs lazzis. Je vais, comme un coupable,
A chaque mot lancé par le hasard,
Suer, trembler, monter un col hasard,
Supplice affreux! misère déplorable!

Même en rouant de coups tous ces railleurs,
Je ne pourrais les traiter de menteurs.
Mais j'aperçois là-bas un couple qui s'avance...
Peut-être que le sort, propice à ma vengeance,
M'amène la victime. Oh! — vivant — si c'est lui,
Il ne sortira pas de la place aujourd'hui.

FAUST ET MÉPHISTOPHÉLÈS.

FAUST

Là haut, sur les vitraux de cette sacristie,
Vois-tu se refléter la lumière affaiblie
De la lampe éternelle, et dans l'obscurité
Pâlir de plus en plus la douteuse clarté
Que répand à l'entour sa tremblottante flamme?
Ainsi la nuit se fait et s'étend dans mon âme.

MÉPHISTOPHÉLÈS

Et moi, je suis, mon cher, comme un jeune matou
Jouant sur la gouttière au bord de la toiture,
Ou se frottant au mur et les flancs et le cou.
Un charmant animal! n'était que sa nature
Est tant soit peu portée au vol, à la luxure.
La nuit de Walpurgis approche, et seulement
Quand j'y songe, j'éprouve un doux tressaillement
Dont tout mon corps frémit; car c'est une merveille,
Un charme, et là du moins on sait pourquoi l'on veille.

FAUST

Le verrai-je bientôt paraître au jour, enfin,
Ce trésor que la terre enferme dans son sein?

MÉPHISTOPHÉLÈS

Je l'ai tout récemment lorgné dans sa cachette,
Et tu pourras bientôt enlever la cassette:
Elle est pleine d'écus au lion, bons et beaux.

FAUST

Ne contient-elle pas aussi quelques joyaux,
Quelques bagues, du moins, pour en parer ma belle?

MÉPHISTOPHÉLÈS

J'ai vu comme un collier de perles fines.

FAUST

Bien!

C'est un chagrin pour moi que de m'approcher d'elle
Sans lui faire un cadeau.

MÉPHISTOPHÉLÈS

        Vous ne perdriez rien
A joindre à ce plaisir quelque autre jouissance
Gratuite : à présent que le ciel resplendit
De toutes ses lueurs, écoutez en silence
Une chanson morale, un chef-d'œuvre d'esprit
Que je vais lui chanter : la bonne Marguerite
Sera par ce moyen plus sûrement séduite.

     (Il chante en s'accompagnant de la guitare).

    Seule, aux premiers rayons du jour,
    Catherine, de si bonne heure,
    Que fais-tu près de la demeure
    Où vit l'objet de ton amour?
    Oh! laisse faire, laisse faire,
    Il ne peut tarder à t'ouvrir ;
    Tu vas entrer fille, ma chère,
    Mais fille pourras tu sortir?

    Fermez bien l'oreille aux fleurettes,
    Car c'est cela qui vous séduit.
    Est-ce fait? — Alors, bonne nuit,
    On ne vous connait plus, pauvrettes!
    Ils sont prodigues de leur foi
    Tous ces vauriens, ces méchants drôles :
    Avant d'avoir la bague au doigt,
    Ne croyez point à leurs paroles.

    VALENTIN, survenant.

Ici qui pipes-tu, damné preneur de rats?
Au diable l'instrument, et le chanteur ensuite!

    MÉPHISTOPHÉLÈS

La guitare est brisée, elle vole en éclats ;
C'est dommage vraiment !

      VALENTIN

          Qu'on dégaine au plus vite.

    MÉPHISTOPHÉLÈS à Faust.

Là, monsieur le docteur, n'allez pas rompre au moins!
Flamberge au vent! alerte! en garde! par mes soins
Vous serez dirigé ; je vais parer.

      VALENTIN

        Tiens, pare!

MÉPHISTOPHÉLÈS

C'est fait.

VALENTIN

Et celle-ci?

MÉPHISTOPHÉLÈS

Pourquoi non?

VALENTIN

C'est bizarre !

Quoi donc?.. je sens déjà mon bras paralysé !
C'est le diable, je crois, qui s'escrime en personne.

MÉPHISTOPHÉLÈS, à Faust.

Poussez !

VALENTIN, tombant.

Malheur !

MÉPHISTOPHÉLÈS

Voilà le gars apprivoisé.

Maintenant, décampons, notre intérêt l'ordonne;
Il faut nous éclipser par le plus court chemin,
Car déjà dans la rue on crie à l'assassin ;
Et si j'esquive assez la correctionnelle,
Il n'en est pas de même avec la criminelle.

MARTHE, à la fenêtre.

Au secours ! au secours !

MARGUERITE, de même.

De la lumière ici !

MARTHE

On se dispute, on crie, on se bat.

LE PEUPLE

En voici

Un de mort !

MARTHE, sortant.

Ont-ils fui les meurtriers?

MARGUERITE, de même.

Par terre

Qui vois-je étendu là?

LE PEUPLE

C'est le fils de ta mère.

MARGUERITE

Dieu puissant! quel malheur !

VALENTIN

J'expire sans regret :
Je meurs ! c'est bientôt dit ; c'est encor plutôt fait.
Femmes, pourquoi ces cris et ces pleurs? — Marguerite
Approche, et vous aussi.

(Tous font cercle autour de lui).

Vois-tu bien, ma petite :
Ton âge est tendre encore et sans habileté,
Et, je dois te le dire avec sincérité :
Sœur, pour une catin tu fais mal ton affaire.
Il faut t'y prendre mieux.

MARGUERITE

Dieu ! que dis-tu, mon frère?

VALENTIN

Laisse Dieu, ma mignonne, en dehors de cela.
La chose est faite... eh bien ! il en arrivera
Ce qui doit arriver. On commence en cachette
Par avoir un amant ; d'autres viennent plus tard ;
Au bout de quelque temps la douzaine est complète ;
Enfin tout le public en veut avoir sa part.

Quand dans l'obscurité la honte vient de naître,
On se garde au grand jour de la laisser paraître ;
Elle vit dans un coin, sans éclat et sans bruit ;
On jette sur son front le voile de la nuit :
On voudrais l'étouffer... Mais bientôt, devenue
Grande et forte, elle marche au soleil toute nue ;
Et plus elle est hideuse, et plus avec ardeur
Elle veut de lumière éclairer sa laideur.

Je vois déjà le temps, vile prostituée,
Où des gamins du lieu tu vas être huée ;
Comme un cadavre infect les bourgeois te fuiront.
Et, lorsqu'entre les yeux ils te regarderont,
Tu sentiras au cœur une pointe acérée.
Tu ne porteras plus alors chaîne dorée,
Bagues ni bracelets ; dans les jours solennels
Tu ne paraîtras plus au pied des saints autels.
Plus de danses pour toi, fangeuse créature !
Mais dans un noir réduit, au fond d'une masure,
On te verra t'étendre avec quelque goujat
Ou quelque mendiant sur un impur grabat :

Et si Dieu te pardonne en sa bonté de père,
Tu n'en seras pas moins maudite sur la terre.

MARTHE

Osez-vous prononcez ce blasphème odieux ?
A la grâce de Dieu recommandez votre âme.

VALENTIN

Si je pouvais tomber sur ta carcasse infâme,
Horrible entremetteuse, oh ! je serais joyeux ;
Car je croirais pouvoir par cet acte louable
Racheter mes péchés, tant fussé-je coupable !

MARGUERITE

O mon frère, mon frère ! ah ! mortelles douleurs !

VALENTIN

Laisse, je te l'ai dit, les sanglots et les pleurs.
Le jour où tu quittas l'honneur pour l'infamie,
Tu m'as porté le coup qui termine ma vie.
Maintenant, à travers le sommeil de la mort,
Je vais à Dieu sans crainte, en soldat brave et fort.

(Il meurt.)

CATHÉDRALE

Office, orgues et chants.

MARGUERITE, parmi la foule ; L'ESPRIT MALIN, derrière elle.

L'ESPRIT MALIN

Tes beaux jours d'innocence
Rapidement ont fui ;
Oh ! quelle différence,
Marguerite, aujourd'hui !
Bonne entre les meilleures,
Tu lisais autrefois
Dans ce vieux livre d'heures
Tout usé par tes doigts.
Jeux d'enfant, ma petite,
Et l'amour du seigneur
Se partageaient ton cœur.

A présent, Marguerite,
Ta tête avec chagrin
S'incline sur ton sein
Où le remords habite.

Pour l'âme de ta mère ici viens-tu prier ?
Ta mère ! de douleur par ta faute elle est morte.
Quel sang est répandu sur le seuil de ta porte ?
Et plus bas que ton cœur, là, sous ton tablier,
Ne sens-tu pas remuer quelque chose
Qui te fait tressaillir les flancs,
Et dont la présence te cause
Des spasmes douloureux, de noirs pressentiments ?

MARGUERITE

Malheur ! malheur ! malheur !
Par qui seront chassées
Les funestes pensées
Qui me rongent le cœur ?

CHŒUR

Dies iræ, dies illa
Solvet sæclum in favilla.

(Orgue.)

L'ESPRIT MALIN

La justice céleste
Bientôt va te punir ;
La trompette funeste
Commence à retentir,
Les tombeaux vont s'ouvrir.
Ton cœur sort de la cendre,
Il vit, ressuscité,
Tu revois la clarté ;
Mais l'enfer va te prendre,
Et pour l'éternité.

MARGUERITE

L'orgue m'étouffe et m'oppresse...
Que ne suis-je loin d'ici !
Ces chants m'accablent aussi ;
D'une invincible tristesse
Mon pauvre cœur est saisi.

CHŒUR

Judex ergo cum sedebit,
Quidquid latet apparebit,
Nil inultum remanebit.

MARGUERITE

O Dieu ! quelle mortelle angoisse !
Ici tout me serre et me froisse ;
Ces piliers d'un cercle de fer
M'entourent, la voûte s'abaisse
Sur ma tête, mon corps s'affaisse ;
Je ne puis respirer... De l'air !

L'ESPRIT MALIN

Te cacher ! — jamais ne l'espère :
Le crime et la honte, crois-moi,
Ne le sauraient. — De la lumière,
Et de l'air ?.. Ah ! malheur à toi !

CHŒUR

Quid sum, miser, tunc dicturus ?
Quem patronum rogaturus,
Cum vix justus sit securus ?

L'ESPRIT MALIN

Lorsqu'ils t'aperçoivent, soudain
Le saint, l'élu voilent leur face ;
Près de toi quand le juste passe,
Il craint de te donner la main.
Malheur, malheur sur toi, maudite !

CHŒUR

Quid sum miser tunc dicturus ? etc.

MARGUERITE

Votre flacon, voisine, — vite !

(Elle s'évanouit.)

..

LA NUIT DE WALPURGIS

Montagne du Hartz.
Contrée de Schirke et Elend.

FAUST, MÉPHISTOPHÉLÈS.

MÉPHISTOPHÉLÈS

Ne désirez-vous pas un bon manche à balai ?
Pour moi, je voudrais bien avoir un bouc solide,

D'échine vigoureux, à la marche intrépide,
Car nous sommes encor loin du but, s'il vous plait.

FAUST

Tant que de me porter mes jambes sont capables,
Ce bâton me suffit pour appuyer ma main.
A quoi servirait-il d'abréger le chemin ?
Suivre de ces vallons les détours agréables,
Gravir de ces rochers les sommets sourcilleux,
D'où la source jaillit à flots tumultueux,
Sur l'abime profond s'arrondissant en voûte,
N'est ce pas un plaisir qui peut charmer la route?
Dans les bouleaux déjà recommence à courir
La sève du printemps, et les grands pins eux-même
Sentent du renouveau l'influence suprême.
Sur nos membres aussi ne doit-il pas agir ?

MÉPHISTOPHÉLÈS

Moi je n'éprouve rien de cela, je t'assure ;
Dans mon corps j'ai l'hiver et toute sa froidure,
Et je serais content de trouver sous mes pas
Sur ce sentier la neige avec tous les frimas. —
Que le disque échancré de la lune rougeâtre
Eclaire tristement ce vaste amphithéâtre!
On donne à chaque instant contre un arbre, un rocher.
Je vois un feu follet dont la flamme vacille ;
Permets que je l'appelle: il peut nous être utile.
— Hé! mon ami, peut-on te prier d'approcher?
Pourquoi flamber ainsi sans profit pour personne?
Tu devrais éclairer nos pas jusque là haut.

LE FOLLET

Volontiers : par respect je ferai ce qu'il faut
Pour forcer aujourd'hui mon humeur folichonne.
Notre course ordinaire a lieu dans tous les sens
En zigzag.

MÉPHISTOPHÉLÈS

Des humains tu fais la parodie!
Marche droit, ou, sinon, je souffle sur ta vie.

LE FOLLET

Vous êtes, je le vois, le maître de céans ;
Je veux à vos désirs céder sans résistance.
Mais songez, je vous prie, à cette circonstance:

La montagne est partout enchantée aujourd'hui ;
Et si c'est un follet, seigneur, qui vous conduit,
Ne lui devez-vous pas quelque peu d'indulgence ?

FAUST, MÉPHISTOPHÉLÈS, LE FOLLET,
chantant alternativement.

Dans la sphère des prestiges
Et des songes nous voici.
Feu follet qui nous diriges,
Pour ton honneur prends souci
De conduire avec prudence
Notre marche en ces déserts.

Vois tous ces arbres divers
Se mêler dans la nuit dense :
Des vents sous la violence,
Sur sa base de granit
Sens-tu le roc qui frémit ?
Parmi les gazons, les pierres,
Coulent ruisseaux et rivières
Qui murmurent doucement.
N'est-ce qu'un bruit ? est-ce un chant,
Ce que mon oreille entend ?
Est-ce une plainte amoureuse
Du temps de la vie heureuse ?
Est-ce un écho des beaux jours
Que l'on regrette toujours ?

Ouhou ! chouhou ! — mon oreille
Entend ce cri dans les bois.
Est-ce le hibou qui veille ?
De l'orfraie est-ce la voix ?
Dans les buissons les reptiles
Glissent leurs longs corps agiles.
Les crapauds au ventre épais
Rampent sur le gazon frais.
Les houx piquants, les épines
Accrochent nos vêtements ;
Semblables à des serpents,
Les bruyères, les racines
Étendent leurs filaments
Pour arrêter les passants.

Les souris par myriades
Sur la mousse vent trottant,
Et leurs bataillons nomades
Se dispersent en fuyant :

Dans les airs, paillettes folles,
Les brillantes lucioles
S'agitent en tournoyant.

Oh ! quel pénible passage !
Devons-nous nous arrêter ?
Ou faut-il toujours monter ?
Des arbres le dur branchage
Nous déchire le visage.
Vois-tu pulluler là-bas
Ces follets dont la lumière
Semble dans cette carrière
Vouloir égarer nos pas ?

MÉPHISTOPHÉLÈS

Du pan de mon habit saisis-toi fortement.
Regarde ce sommet, pic intermédiaire :
De ce point l'œil contemple avec étonnement
De Mammon dans ces lieux la splendeur singulière.

FAUST

Comme étrangement luit une rouge lumière,
Un triste crépuscule en ces gouffres profonds !
Là monte une vapeur, là des exhalaisons
Se répandent ; plus loin brille une flamme ardente
A travers les brouillards ; tantôt elle serpente
Ainsi qu'un fil léger, tantôt à gros bouillons
Jaillit comme les flots d'une source abondante,
Et, par mille canaux arrosant les vallons,
Dans une gorge étroite à la fin se ramasse
Et forme entre les rocs une imposante masse.
Sur le sol répandant une poussière d'or
Tombe une pluie épaisse aux gouttes enflammées,
Là bas, de ces rochers à l'impossible abord
Vois comme des flambeaux les cimes allumées !

MÉPHISTOPHÉLÈS

Hé ! le seigneur Mammon n'illumine-t-il point
Très-magnifiquement son palais pour la fête ?
C'est un bonheur pour toi d'en être le témoin.
Mais je prévois déjà la venue indiscrète
Des hôtes turbulents.

FAUST

Quels tourbillons dans l'air !

Sur ma nuque je sens les coups de la tempête.

MÉPHISTOPHÉLÈS

Aux flancs de ces rochers accroche-toi, mon cher,
Ou bien tu vas tomber dans l'abîme. Un nuage
Rend la nuit plus obscure, et l'ouragan fait rage
Dans les bois qu'on entend craquer. De tous côtés,
Dans l'ombre, les hiboux volent épouvantés.
Entends-tu se briser sous l'effort des raffales
Les plus, des verts palais colonnes végétales ?
Écoute : c'est le bruit des rameaux fracassés,
Des tiges et des troncs secoués et froissés,
Le murmure confus des rampantes racines.
Dans leur chute effrayable ils mêlent leurs ruines,
Et des vents, à travers les antres éboulés,
S'engouffrent en hurlant les bataillons ailés.
— Mais de magiques chants ces lieux déserts s'emplissent ;
De près comme de loin mille voix retentissent.

LES SORCIÈRES, en chœur.

Du Brocken aux sommets déserts
Les sorcières montent ensemble ;
La paille est jaune, les grains verts ;
C'est là que la troupe s'assemble.
Maître Urian trône là haut ;
Boucs et sorcières font assaut.

VOIX

Seule, à cheval sur une truie,
Voici venir Baubo.

CHŒUR

Fort bien !
Passez Baubo, l'on vous en prie ;
Honneur à qui l'honneur revient !
Un joli cochon, puis la mère,
Enfin toute la gent sorcière.

VOIX

Par quelle route prends-tu, toi ?

AUTRE

Par celle d'Ilsenstein où de loin j'aperçoi
Dans son nid une chouette aimable
Qui me fait des yeux...

VOIX

Vas au diable !

Pourquoi cours-tu si vite et d'un air éperdu?

AUTRE

J'ai le doigt en sang; vois comme elle m'a mordu!

CHŒUR DE SORCIÈRES

La route est longue, un monde fou
Presqu'à chaque pas nous arrête;
Le balai ne sert peu ni prou;
L'enfant pleure, la mère prête.

SORCIERS, demi-chœur.

Semblables à des limaçons,
Très lentement nous avançons;
Les femmes nous laissent derrière,
Toujours du mal dans la carrière,
La femme a mille pas sur nous.

AUTRE DEMI-CHŒUR

Nous ne pensons pas comme vous :
La femme, malgré son avance,
Cède à l'homme en cette occurrence :
Ce qu'elle fait en mille pas,
D'un bond ne le faisons-nous pas?

VOIX d'en haut.

Venez, venez à nous de cette mer de pierre!

VOIX d'en bas.

Nous irions volontiers là-haut vers la lumière.
Pour nous purifier ici nous barbottons;
Mais éternellement dans l'ombre nous restons.

LES DEUX CHŒURS

Les vents sont apaisés; on ne voit plus d'étoiles;
La lune tristement s'enveloppe de voiles,
Et le chœur enchanté qui voltige avec bruit
De feux étincelants illumine la nuit.

VOIX d'en bas.

Halte! halte !

VOIX d'en haut.

A travers l'espace
Quelle est cette voix que j'entends?

VOIX d'en bas.

Avec vous prenez-moi de grâce;
Je monte depuis trois cents ans,
Et ne puis atteindre le faîte.
Mon âme serait satisfaite

Si je pouvais être bientôt
Avec mes semblables là-haut.

LES DEUX CHŒURS

Fourche, balai, bouc, tout nous porte ;
On peut arriver de la sorte.
Aujourd'hui qui ne monte pas,
Pour l'éternité reste en bas.

DEMI-SORCIÈRE, en bas.

Depuis bien longtemps je travaille ;
Et les autres sont déjà loin !
Quand on se donne tant de soin,
Hélas ! ne rien faire qui vaille !
Qui ne vole pas en ce jour,
Jamais ne trouvera son tour.

CHŒUR DE SORCIÈRES

L'onguent est le baume aux sorcières ;
Un baquet pour navire est bon ;
Pour voile on y met un chiffon.
Vite, compères et commères !

LES DEUX CHŒURS

Nous arrivons ; sur les bruyères
Reposons-nous, il en est temps ;
De nos bataillons de sorcières
Couvrons ces sommets éclatants.

(Ils s'arrêtent.)

MÉPHISTOPHÉLÈS

Cela se presse, pousse, et clapote et sautille ;
Cela grouille, glapit ; cela siffle et babille ;
Cela pue, étincelle et flambe. — Contre moi
Tiens-toi ferme ; autrement, nous serons, sur ma foi,
Promptement séparés. Où donc es-tu, mon maître ?

FAUST, dans l'éloignement.

Ici.

MÉPHISTOPHÉLÈS

Déjà si loin ? si près de disparaître?
Montrons l'autorité de patron du logis ;
Place! voici venir le jeune Voland. Place!
Canaille, écartez-vous, permettez que l'on passe ;
Alerte ! — Toi, docteur, approche et me saisis ;
Et, d'un bond, traversons ces masses effroyables:

8.

C'est trop extravagant, même pour mes semblables.
Quelque chose, ici près, d'un éclat singulier
Brille; de ce côté quelque chose m'attire:
Viens donc, et glissons-nous dans le prochain hallier.

FAUST

De contradiction bizarre esprit! J'admire
Ta sagesse; la nuit du sabbat, nous montons
Au Brocken, — et voilà que nous nous isolons!
Conduis-moi, cependant, et fais comme il te semble.

MÉPHISTOPHÉLÈS

Ces flammes aux couleurs diverses que voilà
Près de toi, c'est un club joyeux qui se rassemble;
On n'est pas seul avec ce petit monde-là.

FAUST

Soit; mais sur ces hauteurs, pourtant, je voudrais être:
J'y vois des tourbillons de fumée apparaître,
Et vers l'esprit du mal la foule se ruer.
Que d'énigmes là-haut doivent se dénouer!

MÉPHISTOPHÉLÈS

Mais se nouer aussi. Laisse là le grand monde
Et ses rumeurs; ici, dans une paix profonde
Reposons-nous. Il est depuis longtemps admis
Qu'au milieu du grand monde il s'en fait de petits.
Mainte jeune sorcière ici se montre nue;
Les vieilles prudemment se voilent à la vue.
Sois aimable, mon cher, pour me complaire un peu;
La peine n'est pas grande, et charmant est le jeu.
J'entends des instruments... Discordante musique!
Mais il faut supporter ce bruit inharmonique.
J'avance et t'introduis; viens donc! assurément
Je te rends un nouveau service en ce moment.
Qu'en dis-tu? n'est-ce pas une fort belle place?
À peine aperçoit-on la fin de cet espace.
Regarde! tu verras brûler plus de cent feux
Dont la chaleur réchauffe et dont la flamme brille.
On danse, on fait l'amour, on boit et l'on babille.
Trouverait-on ailleurs quelque chose de mieux?

FAUST

Eh bien! puisque tu veux ici nous introduire,
Est-ce en diable, en sorcier, que tu vas te produire?

MÉPHISTOPHÉLÈS

L'incognito complet, mon cher, me plut toujours ;
Les cordons, toutefois, servent pour les grands jours.
Je ne puis, il est vrai, montrer la jarretière ;
Mais ici l'on est plein d'estime singulière
Pour le pied de cheval. Vois-tu cet escargot
Qui vient, tâtant avec ses cornes ? — Il me flaire.
Quelque chose me fait reconnaitre aussitôt,
Et le déguisement ne me servirait guère.
Parlons à ceux qui sont près des feux en passant ;
Je suis le demandeur ; tu seras le galant.

(A quelques personnes assises autour d'un brasier).

Mes vieux messieurs, pourquoi rester loin de la presse
Dans ce coin retiré ? ne feriez-vous pas mieux
De ripailler là-bas avec cette jeunesse,
Et d'aller prendre part à ses ébats joyeux ?
On n'est que trop souvent seul chez soi dans la vie.

UN GÉNÉRAL

Aux nations, insensé qui se fie !
A les servir employez tous vos jours,
Prodiguez-leur vos forces et vos flammes ;
Auprès du peuple ainsi qu'auprès des femmes
Les jeunes gens l'emporteront toujours.

UN MINISTRE

Gloire au passé ! — Maintenant tout s'altère ;
On ne suit plus que d'obliques chemins.
Quand le pouvoir résidait en nos mains,
C'était vraiment l'âge d'or sur la terre.

UN PARVENU

Nous n'étions pas des idiots non plus,
Et nous faisions quelquefois de ces choses...
Mais aujourd'hui quelles métamorphoses !
Tout est changé par les nouveaux-venus.

UN AUTRE

Qui pourrait lire à présent un ouvrage
Long et savant avec attention ?
Nos jeunes gens, pleins de présomption,
Manquent hélas ! de goût et de courage.

MÉPHISTOPHÉLÈS, qui paraît tout-à-coup dans l'extrême vieillesse.

Pour la dernière fois sur le mont des sorciers

Je gravis ; les mortels touchent aux jours derniers ;
Et puisque mon vaisseau n'est plus qu'une ruine,
C'est bien visiblement que l'univers décline.

SORCIÈRE, revendeuse.

Messieurs, ne laissez pas fuir cette occasion !
Arrêtez-vous un peu, regardez ma boutique ;
Incontestablement sur terre elle est unique ;
J'ai d'objets curieux ample provision.
Il n'en est pas un seul, — la chose est très-certaine, —
Qu'on n'ait vu quelque part nuire à la race humaine.
Ici pas un poignard que n'ait rougi le sang,
Pas de coupe qui n'ait dans un corps plein de vie
Versé quelque poison subtil et dévorant ;
Pas un bijou qui n'ait séduit par sa magie
Et n'ait fait trébucher quelqu'honneur féminin ;
Pas un tube innocent, pas une épée enfin
Qui n'ait détruit un pacte ou frappé par derrière
Un ennemi.

MÉPHISTOPHÉLÈS

Vraiment, vous vous trompez, commère ;
Oui, vous vous méprenez sur les temps: en effet,
Ce qui fut fait est fait, — fait, vous dis-je, et parfait.
Ayez des nouveautés, c'est ce qui nous attire:
C'est la nouveauté seule aujourd'hui qu'on désire.

FAUST

Il ne faut pas, au moins, que j'aille m'oublier !
— De foire tout cela se peut qualifier.

MÉPHISTOPHÉLÈS

La trombe tend là-haut. Sens-tu cette secousse?
Tu crois pousser, mon cher, et c'est toi que l'on pousse.

FAUST

Quelle est donc celle-là ?

MÉPHISTOPHÉLÈS

Regarde des deux yeux :
C'est Lilith.

FAUST

Qui ?

MÉPHISTOPHÉLÈS

D'Adam c'est la première épouse.
En garde tiens-toi bien contre ses beaux cheveux.

Parure dont elle est glorieuse et jalouse.
Aussitôt qu'un jeune homme est tombé dans ses lacs,
Elle serre sa proie et ne la lâche pas.

FAUST

J'en vois deux près d'ici, dont l'une à tête grise,
Ridée, et l'autre jeune, à ses côtés assise;
Elles ont déjà fait bien des bonds et des sauts.

MÉPHISTOPHÉLÈS

Aujourd'hui cela va sans prendre aucun repos,
Et passe d'une danse à des danses nouvelles.
Viens vite, abordons-les et nous emparons d'elles.

FAUST, dansant avec la jeune.

En rêve hier je voyais pendre
Sur un pommier deux jolis fruits;
Soudain mes yeux furent séduits,
Et je grimpai pour les y prendre.

LA BELLE

Depuis les beaux jours de l'Eden
Ces doux fruits ont tenté les hommes;
Monsieur, si vous aimez les pommes,
On en trouve dans mon jardin.

MÉPHISTOPHÉLÈS, avec la vieille.

En songe, l'autre jour, j'ai vu
Un arbre rugueux et tortu;
Il avait une fente énorme
Que me plut beaucoup par sa forme.

LA VIEILLE

Salut au noble chevalier
Que signale un pied de coursier !
Il me semble être de stature
A bien remplir cette ouverture.

LE PROCTOPHANTASMISTE

Dites, que faites-vous ainsi, maudits gens?
Eh ! ne vous a-t-on pas instruits depuis longtemps?
Nul Esprit ne se tient sur un pied ordinaire;
Vous dansez comme font les enfants de la terre.

LA BELLE, dansant.

Qu'a-t-il à voir ici dans notre bal, ce fou ?

FAUST, dansant.

Il est toujours le même, on le trouve partout.
C'est à lui de juger ce que les autres dansent;

Et s'il ne peut donner son avis sur un pas,
Ce pas est à ses yeux comme s'il n'était pas;
Mais il en veut surtout aux gens quand ils avancent.
Si vous tourniez en rond comme, en son vieux moulin,
Il fait lui-même, alors il serait fort bénin;
Il trouverait tout bon, — surtout, par déférence,
si vous vouliez lui faire une humble révérence.

LE PROCTOPHANTASMISTE.

Vous êtes toujours là! corbleu, c'est inouï!
Quoi! tout cela n'est pas encore évanoui!
Vite, disparaissez! — Pour ces gueusards de diables
Il n'est, en vérité, point de lois respectables.
Nous sommes, de nos jours, devenus si savants,
Et pourtant à Tegel on voit des revenants!
Oh! combien m'a déjà tourmenté cette idée!
Mon âme en est sans fin, nuit et jour, obsédée;
Mais rien, dans mon cerveau, rien ne s'est éclairci.

LA BELLE

Alors, pourquoi venir nous ennuyer ici?

LE PROCTOPHANTASMISTE.

Esprits, je vous le dis sans le moindre euphémisme,
En face de l'esprit je hais le despotisme;
Mon esprit ne saurait l'exercer.

(On continue à danser).

Je vois bien
Qu'aujourd'hui je n'aurai de réussite en rien.
Pourtant, je vais toujours avec eux faire route,
Et, je l'espère encore, avant mon dernier pas,
J'aurai mis et démons et poëtes en déroute.

MÉPHISTOPHÉLÈS

Dans une mare il va se plonger jusqu'aux bras:
C'est ainsi qu'il s'apaise: et lorsque les sangsues
A son fessier se sont d'un âcre sang repues,
Alors de son cerveau les Esprits et l'esprit
S'envolent, il se sent complétement guéri.

(A Faust qui a quitté la danse).

Ami, qu'as-tu donc fait de cette jeune fille,
Ta danseuse? pourquoi la laisses-tu partir?
Elle chantait si bien! elle était si gentille!

FAUST

Au milieu de ses chants... horreur ! j'ai vu sortir
Une rouge souris de sa bouche vermeille.

MÉPHISTOPHÉLÈS

Eh ! peut-on s'occuper d'une chose pareille,
A l'heure du berger ? c'est pitoyable ! fi !
La souris n'était pas grise, cela suffit.

FAUST

Ensuite, j'ai vu...

MÉPHISTOPHÉLÈS

Quoi ?

FAUST

Méphisto, cette belle
Et pâle enfant, là-bas, la vois-tu ? — lentement
Elle quitte ces lieux ; elle est seule ; autour d'elle
Personne ; l'on dirait ses pieds étroitement
L'un à l'autre attachés ; cette pauvre petite
A s'y méprendre, hélas ! ressemble à Marguerite.

MÉPHISTOPHÉLÈS

Laisse, laisse cela, nul ne s'en trouve bien.
C'est un spectre sans vie, un fantôme, une idole ;
S'en approcher serait d'une imprudence folle.
De son œil fixe et froid nul homme ne soutient
Le regard : tout son sang dans ses veines se glace ;
Il peut être en rocher transformé sur la place.
De Méduse tu sais l'histoire, assurément ?

FAUST

Oui, ce sont là les yeux d'une morte, vraiment,
Des yeux où ne luit plus l'étincelle de vie,
Et qui ne sont point clos par une main chérie.
O Marguerite ! oh ! oui ! c'est là le sein charmant,
Le corps voluptueux qu'étreignit ton amant !

MÉPHISTOPHÉLÈS

Je te dis que cela n'est que de la magie.
Pauvre fou ! que l'on peut t'abuser aisément !
Chacun croit reconnaître en elle son amie.

FAUST

Quelle horrible torture !... et quelle volupté !
Dans ce lieu, malgré moi, je me sens arrêté ;
Je ne puis m'arracher à ce regard sans flamme.

Quel étrange ornement à ce beau col de femme ! —
Un ruban rouge, étroit comme un dos de couteau !

MÉPHISTOPHÉLÈS

Persée ayant coupé la gorge à cette belle,
Elle pourrait porter sa tête sous l'aisselle. —
Toujours l'illusion règne dans ton cerveau !

UNE PLAINE

Jour nébuleux.

FAUST, MÉPHISTOPHÉLÈS

FAUST

Dans la misère ! dans le désespoir !... Longtemps égarée
sur la terre, et maintenant captive ! Comme une criminelle, dans un cachot, destinée à d'horribles tourments,
la douce, l'infortunée créature !... Jusque là ! jusque là ! —
Esprit de trahison, Esprit de néant ! voilà ce que tu me ca-
chais ! — Reste là, reste ! roule avec fureur tes yeux
diaboliques dans ta tête ! Reste, et brave-moi par ton
insupportable présence !

Captive ! dans une irréparable misère ! abandonnée aux
malins Esprits et à l'implacable justice humaine ! Et
pendant ce temps-là, tu me berces dans d'insipides dis-
tractions, tu me caches sa détresse croissante, et la
laisses périr sans secours !

MÉPHISTOPHÉLÈS

Elle n'est pas la première.

FAUST

Chien ! exécrable monstre ! — Change-le, Esprit infini ! restitue à ce ver sa forme de chien, cette forme
sous laquelle il se plut souvent, le soir, à trotter devant
moi pour assaillir les pieds du paisible voyageur et se
jeter sur ses épaules après l'avoir renversé. Qu'il rampe

devant moi sur le ventre, dans la poussière, et que je le foule aux pieds, le maudit !

Elle n'est pas la première ! — Horreur ! horreur que nulle âme humaine ne peut concevoir ! Quoi ! plus d'une créature tombée dans cet abîme d'infortune ! Et la première, dans les convulsions de son agonie, n'a pas satisfait pour les péchés de toutes les autres aux yeux de l'éternelle miséricorde ! La misère de cette seule créature pénètre jusqu'à la moëlle de mes os, dessèche ma vie ; et toi, tu ricanes avec indifférence sur le sort de tant de milliers d'autres !

MÉPHISTOPHÉLÈS

Bon ! nous voilà encore aux limites de notre intelligence, là où le sens vous manque à vous autres hommes. Pourquoi t'associer avec nous, si tu ne peux nous suivre ? Tu veux voler, et tu n'es pas assuré contre le vertige ! Est-ce nous qui t'avons recherché, ou est-ce toi qui es venu à nous ?

FAUST

Ne grince pas ainsi contre moi tes dents voraces ; tu me dégoûtes ! — Grand et sublime Esprit ! toi qui daignas m'apparaître, toi qui connais mon cœur et mon âme, pourquoi m'avoir accouplé à ce compagnon d'opprobre, qui se repaît de mal et se délecte dans la ruine ?

MÉPHISTOPHÉLÈS

As-tu fini ?

FAUST

Sauve-la, ou malheur à toi ! la plus horrible malédiction sur toi pour des milliers d'années !

MÉPHISTOPHÉLÈS

Je ne puis détacher les liens du Vengeur ni ouvrir ses verroux. — Sauve-la ! — Qui donc l'a poussée à sa perte ? moi, ou toi ?

(Faust jette autour de lui des regards furieux).

Cherches-tu le tonnerre ? — Il est heureux que vous ne puissiez en disposer, chétifs mortels ! — Ecraser l'innocent qui résiste, c'est une façon de tyran pour se tirer d'affaire à l'occasion.

FAUST

Conduis-moi près d'elle ; il faut qu'elle soit libre !

9

MÉPHISTOPHÉLÈS

Et le danger auquel tu t'exposes? Le sang que tu as répandu fume encore dans la ville. Sur la place où est tombée la victime pleurent les Esprits vengeurs qui guettent le retour du meurtrier.

FAUST

Encore cela de toi! Mort et ruine d'un monde sur toi, monstre! Conduis-moi vers elle, te dis-je, et délivre-la.

MÉPHISTOPHÉLÈS

Je t'y conduis; et ce que je puis faire, le voici. Ai-je donc tout pouvoir dans le ciel et sur la terre? J'obscurcirai les sens du geôlier; empare-toi de la clef; il faut ta main d'homme pour l'entraîner hors de la prison. Moi, je veille; les chevaux enchantés sont prêts; je vous enlève! Voilà ce que je puis.

FAUST

Allons! partons.

— . .

LA NUIT

En plein champ.

FAUST, MÉPHISTOPHÉLÈS, galopant sur des chevaux noirs.

FAUST

Qu'ont-ils à remuer autour du gibet, ceux-là ?

MÉPHISTOPHÉLÈS

Je ne sais quelle cuisine ils font.

FAUST

Ils s'agitent çà et là, se lèvent et se baissent.

MÉPHISTOPHÉLÈS

Une assemblée de sorciers.

FAUST

Ils sèment et consacrent.

MÉPHISTOPHÉLÈS

Passons! passons!

UN CACHOT

FAUST avec un trousseau de clefs et une lampe, devant une petite
porte de fer.

Une horreur inconnue a pénétré mon cœur ;
J'éprouve tous les maux de la nature humaine.
Elle est dans ce cachot où le jour entre à peine...
Et tout son crime, hélas ! fut une douce erreur ! —
Tu trembles de la voir ! avance ! ta frayeur,
Ton hésitation rend sa mort plus prochaine.

(Il prend la clef. On chante en dedans.)

Ma mère m'a tuée,
Mon père m'a mangée ;
Puis ma petite sœur,
Enfant chère à mon cœur,
Que mon malheur désole,
Mit dans la terre molle
Mes os au bord de l'eau
Où je devins oiseau ;
Et vole, vole, vole !

FAUST, ouvrant la porte.

Elle ne pressent pas, l'infortunée, encor,
Que son amant dans l'ombre écoute avec angoisse
Le cliquetis des fers, la paille qu'elle froisse.

(Il entre.)

MARGUERITE, sur son grabat, s'efforçant de se cacher.

Ils viennent !.. ô malheur ! — terrible, affreuse mort !

FAUST, bas.

Je viens te délivrer. Silence, ma très-chère !

MARGUERITE, se traînant jusqu'à lui.

Si vous avez un cœur, pitié de ma misère !

FAUST

Tes cris vont éveiller les gardiens endormis.

(Il saisit les chaînes pour les détacher.)

MARGUERITE, à genoux.

D'où tiens-tu ce pouvoir, bourreau ? qui t'a permis
De venir me chercher ?.. Je ne veux pas te suivre...

A minuit! quoi! déjà!... Pitié! laisse-moi vivre.
Demain, au point du jour, n'est-ce pas assez tôt?

(Elle se lève.)

Je suis si jeune encor, si jeune! — est-ce qu'il faut
Déjà mourir? — J'étais belle aussi; dans la rue
Il me vit seule un jour... c'est ce qui m'a perdue.
Il était près de moi, l'idole de mon cœur;
Il est loin maintenant, oui, bien loin... O malheur!
De mon front ma couronne, hélas! est arrachée,
Le vent roule ses fleurs dont la terre est jonchée. —
Tu me fais mal; pourquoi me traiter brusquement?
Oh! ne me laisse pas t'implorer vainement.
Je ne t'ai jamais fait aucun tort de ma vie,
Je ne te connais pas.

FAUST

O douleur inouïe!

Comment y résister?

MARGUERITE

Je suis en ton pouvoir;
Donne-moi mon enfant, que je puisse le voir
Et l'allaiter encor; je l'ai sur ma poitrine
Bercé toute la nuit; ils me l'ont emporté,
Et disent que je l'ai tué! — Bonté divine!
Peut-on se figurer tant de méchanceté?
Ils chantent des chansons sur moi: c'est une fable
Indigne; on la répète, et l'on me croit coupable.

FAUST, se jetant à ses pieds.

Marguerite, c'est moi qui suis à tes genoux,
C'est ton amant qui vient pour briser tes verroux.

MARGUERITE, s'agenouillant aussi.

Oui, faisons à genoux aux anges de lumière,
Aux saints du Paradis monter notre prière.

L'enfer bouillonne, le Malin
Montre sa figure maudite;
Il grince les dents, il s'agite
Et fait un effroyable train.

FAUST, à voix haute.

O Marguerite! Marguerite!

MARGUERITE, d'un air attentif.

C'était la voix du bien-aimé;

Oui, c'est mon nom qu'il a nommé.
Enfin je suis libre! il m'appelle;
A son cou je veux m'élancer,
Sur mon cœur je veux le presser.
Il était là, l'ami fidèle,
Au seuil de ma prison; il vient m'en arracher. —
De voler dans ses bras qui pourrait m'empêcher ?
Parmi les hurlements de l'affreux chœur des diables,
Le tumulte inouï, les rires effroyables
    Et tout le fracas de l'enfer,
J'ai reconnu la voix de celui qui m'est cher.

FAUST

C'est moi-même.

MARGUERITE

    C'est toi !.. félicité suprême !
C'est toi qui m'apparais dans ma misère extrême !
Toi qui viens me sauver ! — Répète-les ces mots
Qui me font tressaillir jusqu'au fond de mes os !
Où sont tous mes malheurs ? où sont toutes mes peines,
Et l'horreur des cachots et mes pesantes chaînes?
Oh! c'est bien toi! je suis heureuse. — Je revois
La rue où je te vis pour la première fois,
Et ce petit jardin de Marthe où ta venue
Etait avec émoi chaque jour attendue.

FAUST, l'entraînant.

Viens, Marguerite, viens!

MARGUERITE

    Reste encore un instant;
Quand je suis près de toi mon cœur est si content!

FAUST

Nous pouvons payer cher cet instant, l'heure presse.

MARGUERITE

Quoi! n'aurai-je de toi pas la moindre caresse?
Depuis si peu de temps aurais-tu désappris
A m'embrasser? pour toi n'auraient-ils plus de prix
Ces baisers amoureux que tu cueillais naguère
Avec tant de plaisir? — Dans mes bras je te serre
Et ne sens qu'une joie inquiète; — pourquoi
Ce sentiment amer, lorsqu'un seul mot de toi,
    Un seul regard — félicité divine! —

M'ouvrait le ciel, et que sur ta poitrine
Tu me pressais à me briser le sein?
— Embrasse-moi, sinon, moi, je t'embrasse.

(Elle l'embrasse.)

Mais qu'est-ce donc? mortel chagrin!
Oh! Dieu! tes lèvres sont de glace;
Elles sont muettes aussi.
Ton amour... qui me l'a ravi?

FAUST

Prends courage; suis-moi, suis-moi, ma douce amie;
Je t'aime d'une ardeur sans égale, infinie;
Mais ne perds plus de temps, Marguerite, suis-moi.

MARGUERITE

Est-cebien sûr, Henri, bien sûr que ce soit toi?

FAUST

C'est moi! c'est moi! mais viens.

MARGUERITE

Tu détaches mes chaînes,
Tu me presses de fuir ces voûtes souterraines;
Tu me reçois encor sur ton sein, sur ton cœur...
D'où vient que mon ami de moi n'a pas horreur?
Il ne connaît donc pas le monstre qu'il délivre?

FAUST

La nuit touche à sa fin... hâte-toi de me suivre.

MARGUERITE

J'ai fait mourir ma mère et tué mon enfant;
A toi, comme à moi, Dieu l'avait donné pourtant.
— C'est donc toi?.... je le crois à peine.
Ta main. — Non. ce n'est pas une illusion vaine!
Ta chère main... Elle est humide; c'est du sang!
Oui, c'est de sang qu'elle est trempée.
Qu'as-tu fait?.. Cache cette épée,
Je t'en conjure.

FAUST

Laissons là
Le passé pour toujours. Veux-tu donc que je meure?

MARGUERITE

Non, mon ami me survivra;
Sur la terre il faut qu'il demeure.

Ecoute: dès demain, Henri, tu creuseras
Trois tombes, et tu donneras
La meilleure place à ma mère;
Près d'elle tu mettras mon frère.
Pour la mienne, il faut avoir soin
De la placer un peu plus loin,
Pas trop loin, cependant. La frêle créature
Avec sa mère aura la même sépulture;
Elle doit à jamais dormir sur mon sein droit.
Nul autre ne voudra reposer près de moi ! —
T'avoir à mes côtés !... ô bonheur indicible !
J'en jouis autrefois... mais il n'est plus possible
Désormais: sur mon sein quand je veux te presser,
Je crois sentir, hélas ! ta main me repousser.
Et c'est bien toi pourtant, — et ta voix qui caresse,
Tes yeux, ton doux regard expriment la tendresse !

FAUST

Si tu sens que c'est moi, viens donc !

MARGUERITE

De quel côté?

Où dis-tu? là dehors?

FAUST

Viens, c'est la liberté !

MARGUERITE

Dehors, c'est le tombeau, — c'est la mort qui me guette!
Elle est proche.... à saisir sa proie elle s'apprête.
Viens ! je ne sortirai de l'ombre des cachots
Que pour entrer au lit de l'éternel repos.
— Eh quoi! tu pars?..

FAUST

Saisis l'occasion offerte;
Il suffit de vouloir: cette porte est ouverte.

MARGUERITE

Non, je n'ai plus d'espoir, et je n'ose sortir;
On m'épie au passage: à quoi sert-il de fuir? —
Errer et mendier sur la terre étrangère!
N'est-ce pas là, dis-moi, le plus grand des malheurs,
Surtout quand le remords s'ajoute à la misère?
Je n'échapperais pas aux poursuites, d'ailleurs.

FAUST

Eh bien! auprès de toi je reste.

MARGUERITE

Vite, vite!
Sauve ton pauvre enfant,
L'enfant de Marguerite,
Ne perds pas un instant;
Jusqu'au pont suis la rive;
Prends à gauche un sentier;
C'est par là qu'on arrive
Par le bois au vivier.
L'enfant s'agite,
Il vit encor;
Sauve-le vite,
Il n'est pas mort!

FAUST

Un pas... tu seras libre! allons! fais un effort!

MARGUERITE

Si nous avions passé la montagne! — Ma mère
Est assise là-bas, seule, sur une pierre.
Un frisson me saisit, le froid me fait trembler.
Oui, ma mère est là-bas assise sur la pierre,
L'œil fixe... On ne voit plus remuer sa paupière.
Elle a dormi longtemps et ne peut plus veiller.
Elle dormait alors que dans les jouissances
Nous passions tant de nuits. Ce temps était heureux!

FAUST

Puisque je ne peux rien sur toi par mes instances,
Je t'emporte, il le faut, hors de ces tristes lieux.

MARGUERITE

Laisse-moi! je ne puis souffrir de violence.
Ne sois pas si brutal, si cruel envers moi.
N'ai-je pas fait assez par tendresse pour toi?

FAUST

Le jour vient, ma chère âme.

MARGUERITE

Oui, je le vois paraître:
Le dernier jour pour moi dans ce cachot pénètre.
Il devait éclairer mes noces. Ne dis pas

Que tu t'es approché de Marguerite. Hélas!
Ma couronne d'innocence
Est flétrie. Oh! c'est fini!
Nous nous reverrons, mon ami...
Ce ne sera pas à la danse.
La foule, dont le bruit à moi n'arrive point,
Accourt de tous côtés et de près et de loin;
Sur la place elle est répandue,
Elle se presse dans la rue.
La cloche de l'Eglise appelle avec fracas;
La baguette est rompue;
Ils enchaînent mes bras.
Déjà sur l'échafaud je me sens enlevée;
Sur le cou de chacun la hache du bourreau
Comme sur ma tête est levée...
Et le monde est muet, muet comme un tombeau!

FAUST

Oh! pourquoi suis-je né?

MÉPHISTOPHÉLÈS, paraissant à la porte.

Sortez! alerte! alerte!
Ou vous courez à votre perte.
Irrésolution! bavardage d'enfants!
Aux approches de la lumière
Mes noirs chevaux sont frémissants.

MARGUERITE

Qui s'élève ainsi de la terre?
Lui! lui! — Que vient-il faire ici dans le saint lieu?
Mon bien-aimé, chasse-le vite,
C'est moi qu'il veut!

FAUST

Non, non, tu vivras, Marguerite.

MARGUERITE

A toi je m'abandonne, ô justice de Dieu!

MÉPHISTOPHÉLÈS à Faust.

Viens! ou sous le couteau je te laisse avec elle.

MARGUERITE

Père céleste, sois aujourd'hui mon Sauveur!
Venez à mon secours, anges, troupe immortelle!
Henri, j'ai peur de toi; va! tu me fais horreur!

— 164 —

MÉPHISTOPHÉLÈS
Elle est jugée et réprouvée !
VOIX d'en haut.
Elle est pardonnée et sauvée !
MÉPHISTOPHÉLÈS
A moi, Faust ! et sortons d'ici :
Eloignons-nous.

(Il disparaît avec Faust.)

VOIX de l'intérieur, s'affaiblissant.
Henri ! Henri !...

FIN

PARIS. — DE BOLÉ ET BOUCHET, IMPRIMEURS, 2, PLACE DE PANTHÉON.

EN VENTE A LA MÊME LIBRAIRIE.

— — —

PUBLICATIONS NOUVELLES :

La Perruque du philosophe Kant, par L. A. Bourguin,
1 vol in-18 jésus.......................... 3 fr. »

La Créole de la Havane, par Fernand Caballero,
1 vol. in-18 jésus............................ 2 »

Clémencia, par Fernan Caballero, 1 vol, in-18 jésus. 2 »

Xavier de Maistre. Œuvres complètes. Nouvelle
édition avec une notice biographique sur l'auteur... 1 »

Les Poches de mon Parrain, par Xavier Eyma, 1 »

Les Femmes qui savent souffrir, par A. Bouchet.. 4 »

Secrets du foyer domestique, par Mme Ulliac
Trémadeure, 1 vol. in-18 jésus............. 1 »

Scènes du monde, par Mme Ulliac Trémadeure, 1 vol.
in-18 jésus................................ 0 50

PARIS. — LE ROYE ET BOUCHET, IMPRIMEURS, PL. DU PANTHÉON, 2

www.ingramcontent.com/pod-product-compliance
Lightning Source LLC
Chambersburg PA
CBHW052345090426
42739CB00011B/2324